Umwelthinweis: Gedruckt auf chlorfrei gebleichtem Papier

Herausgeber: Polyglott-Redaktion
Autorin: Susanne Feess, auf der Grundlage eines Werkes von Wolfgang Faßbender
Lektorat: Marlis Kappelhoff
Art Direction: Illustration & Graphik Forster GmbH, Hamburg
Karten und Pläne: Gundula Hövelmann und Huber. Kartographie
Titeldesign-Konzept: V. Barl
Realisation: Studio Wolf Brannasky

Ergänzende Anregungen, für die wir jederzeit dankbar sind, bitten wir zu richten an:
Polyglott-Verlag, Redaktion, Postfach 40 11 20, D-80711 München.

Alle Angaben wurden sorgfältig geprüft. Dennoch kann eine Gewähr für Vollständigkeit und Richtigkeit nicht übernommen werden.

Zeichenerklärung

- Information
- Öffnungszeiten
- Telefonnummer
- Faxnummer
- Flugverbindungen
- Busverbindungen
- Eisenbahnverbindungen
- Campingplatz

- Hotel
- $$$ DZ pro Person ab 350 FF
- $$ 250–350 FF
- $ unter 200 FF
- Restaurant
- $$$ Menü 250 FF
- $$ 150–200 FF
- $ unter 150 FF

Routenpläne

- Route mit Routenziffer
- Autobahn, Schnellstraße
- sonstige Straßen, Wege
- Staatsgrenze, Landesgrenze
- National-, Naturparksgrenze

Stadtpläne

- Durchgangsstraße
- sonstige Straßen
- Fußgängerzone
- Fußweg

Erste Auflage 1995

Redaktionsschluß: Juli 1995

Printed in Germany
ISBN 3-493-62877-3

Polyglott-Reiseführer

Elsaß
Lothringen

Susanne Feess

Polyglott-Verlag München

Allgemeines

Städtebeschreibungen

Routen

Routen

Route 3

Auf die Gipfel! S. 76

Anhalten, schauen, genießen, den Rucksack schultern und wandern. Die Route des Crêtes auf dem Weg ins südliche Elsaß empfiehlt sich als Bummeltour.

Route 4

An Mosel und Meurthe S. 80

Landschaftliche Reize und jede Menge kulturelle Sehenswürdigkeiten liegen am Wege entlang dieser beiden Flüsse zu den größeren Städten Lothringens.

Route 5

Im Land der Jeanne d'Arc S. 86

In ihrer Heimat ist die französische Freiheitskämpferin und Nationalheilige auf Gedenktafeln und Denkmälern allgegenwärtig.

Bildnachweis

Alle Fotos Manfred Braunger außer Archiv für Kunst und Geschichte, Berlin: 15/2; A. M. Begsteiger: 19/1, 35/3, 41/1, 55/2, 75/2; Dietlind Castor: 6, 25/2; Thomas Stankiewicz: 25/4, 79/3; Walter Storto: 13/2, 17/3, 21/2, 31, 43/2; Dieter Stroh: 39/1, 39/3, 43/1; Bavaria Bildagentur/Hiroshi Higuchi: Umschlag (Bild); Superbild/Bernd Ducke: Umschlag (Flagge).

Fremde Kulturen kennenlernen und gastfreundlichen Menschen begegnen – wie sehr genießen wir das auf Reisen. Zu Hause bei uns jedoch wird mancher Ausländer von einer kleinen Minderheit beschimpft, bedroht und sogar mißhandelt. Alle, die in fremden Ländern Gastrecht genossen haben, tragen hier besondere Verantwortung. Deshalb: Lassen Sie es nicht zu, daß Ausländer diffamiert und angegriffen werden. Lassen Sie uns gemeinsam für die Würde des Menschen einstehen.

Verlagsleitung und Mitarbeiter des Polyglott-Verlages

Editorial

Sollte das Elsaß eine der letzten romantischen Idyllen sein, in der die Menschen vom Weinbau, der Töpferei und dem Anbau von Weißkohl fürs Sauerkraut leben? Wohl kaum, denn das Elsaß gehört zu den bedeutenden Industrieregionen Frankreichs, und die „Hauptstadt Europas“ trägt den Erfordernissen der derzeitigen Wirtschaftslage besonders gut Rechnung. Manche sehen nicht ohne Grund im Elsaß die Euroregion der Zukunft verwirklicht.

Spannend ist es auf alle Fälle, die Entwicklung dieser von der Geschichte so gebeutelten Region zu verfolgen, ihre unzähligen, widersprüchlichen Facetten kennenzulernen und zu versuchen, hinter das Klischee zu blicken.

Zweifellos ist das Elsaß ein verlockendes Reiseziel, nicht nur wegen seiner geographischen Nähe und der Möglichkeit, sich dort mit etwas Glück noch auf deutsch durchzuschlagen. Herausgeputzte Dörfer, Fachwerkstädte mit schiefen Häusern, alten Kirchen und prächtigen Brunnen prägen das Bild. Wer in der Altstadt von Straßburg bei einem Glas Elsässer sitzt, wird garantiert nicht den Eindruck haben, mitten in einer Großstadt zu sein. Die Vielfalt der abwechslungsreichen Landschaft reicht von den Rheinauen bis zu den Gipfeln der Vogesen.

Lothringen eignet sich weniger für eine Liebe auf den ersten Blick. Hier spielt der Tourismus längst nicht dieselbe Rolle wie im benachbarten Elsaß. In den kleineren Städten und den entlegenen Dörfern kann man noch selbst auf Entdeckungsreise gehen.

Abgesehen von Highlights wie Metz oder Nancy nimmt sich manches vielleicht nicht sehr spektakulär aus, aber es macht mit einem Stück ganz normalem, alltäglichem Frankreich bekannt.

Fachwerkhaus mit Erker im Zentrum von Turckheim

Straßencafé auf der Place Stanislas in Nancy

Die Autorin

Susanne Feess studierte Geschichte und Kunstgeschichte. Seit mehreren Jahren arbeitet sie als Autorin und freie Lektorin hauptsächlich über Frankreich.

Nah und fern

Übertritt man irgendwo im Rheintal die noch existierende Grenze, kommt einem vieles vertraut und vieles gleich ganz anders vor. Ähnlich soll es übrigens auch Franzosen bei einem Besuch in ihrer „exotischsten" Provinz gehen. Doch nach allzulangen verheerenden Auseinandersetzungen und Gezerre um diesen Landstrich wird zunehmend der Blick frei für die typischen Eigenarten dieser Region, die eben mehr ist als ein bißchen Frankreich und ein bißchen Deutschland.

Lage und Landschaft

Das Elsaß ist ein langgestreckter Streifen Land, der im Westen die Hänge der Vogesen hinaufreicht und im Osten vom Rhein begrenzt wird. Im Süden schließt er den *Sundgau* ein, im Westen das sog. Krumme oder Buckelige Elsaß, *Alsace Bossue* genannt. Mit seinen 8280 km² ist das Elsaß doppelt so groß wie Rheinland-Pfalz, das sich im Norden anschließt.

Im nördlichen Teil der elsässischen Rheinebene werden Spargel, Hopfen und Tabak angebaut. Auf den Kämmen der Vogesen thronen romantische Burgruinen über gepflegten Weinbergen. Und noch heute ähnelt die Gegend mit ihren herausgeputzten Fachwerkstädtchen tatsächlich dem „schönen Garten", als den Louis XIV das Elsaß bezeichnete. Überragt wird alles von den Vogesen, die im Norden aus Buntsandstein bestehen und *Vosges gréseuses*, im Süden aus kristallinem Gestein sind und *Vosges cristallines* heißen. Mit 600 m Höhe sind die Sandsteinvogesen zwar längst nicht so hoch wie der kristalline Teil des Mittelgebirgszugs, doch machen hier die durch Erosion entstandenen pittoresken Felsformationen den Reiz aus. Demgegenüber ragen im Süden der *Storkenkopf* mit 1364 m und der *Grand Ballon* mit 1424 m empor. Auf diesen Höhen macht der Wald den Hochweiden, *Chaumes,* mit teilweise alpiner Flora Platz.

Die Regionsgrenze zwischen dem Elsaß und Lothringen verläuft auf dem Vogesenkamm. Nach Lothringen hin fallen die Hänge sanfter ab als auf der elsässischen Seite. Die langgestreckten Höhenzüge folgen dem Verlauf der beiden wichtigsten Flüsse Meuse (Maas) und Mosel. Acker- und Weinbau bilden hier die Grundlage der Landwirtschaft. Als *Plateau Lorrain* wird die dünn besiedelte Gegend östlich von Metz zwischen Mosel und Saar bezeichnet. Ausgedehnte Weideflächen wechseln dort, wo der Untergrund wasserundurchlässig ist, mit zahllosen Seen ab. Mit 23547 km² ist Lothringen etwa so groß wie Sachsen-Anhalt.

Klima und Reisezeit

Das Klima ist im Elsaß, bedingt durch die Kaltluft und Niederschläge abhaltenden Vogesen, sehr mild: Von Mai bis September ist es angenehm warm, und auch im Winter sinken die Temperaturen nur selten unter den Gefrierpunkt. Ein solcher Schutz fehlt in Lothringen, das entsprechend niederschlagsreicher ist. Auf den Vogesenhöhen kann bereits Ende Oktober Schnee fallen und die Pässe unpassierbar machen.

Als Urlaubsziele sind das Elsaß und Lothringen prinzipiell ganzjährig interessant, wobei die bevorzugte Reisezeit natürlich auch von den jeweiligen Interessen abhängt.

Wie alle Weingegenden ist das Elsaß im Herbst besonders schön, aber auch entsprechend überlaufen. Die Wintermonate, in denen es selbst in den meistbesuchten Orten ruhig wird, haben einen eigenen Reiz, selbst bei schlechterem Wetter. Von Juni bis Oktober sollte man in Straßburg und an der Weinstraße in jedem Fall an Hotelreservierungen denken.

Natur und Umwelt

Eine abwechslungsreiche, sanfte Landschaft dürfte mit ein Grund für die Reise in beide Regionen sein, wobei die industrielle Bedeutung des Elsaß gewöhnlich unterschätzt, das waldreiche Lothringen hingegen allzu rasch auf das Klischee der Schlachtfelder und dampfenden Schlote reduziert wird.

In den beiden Regionen sind inzwischen drei Regionalparks ausgewiesen: der **Nordvogesenpark** zwischen Pfälzer Wald und Zaberner Steige, der **Parc des Ballons des Vosges** in den Südvogesen und der **Parc naturel régional de Lorraine.** Dabei werden allerdings nicht nur Naturschutzzwecke verfolgt, sondern auch eine angepaßte Wirtschaftsentwicklung gefördert. Die Annahme, es handle sich bei den geschützten Gebieten um unberührte Natur ist natürlich trotz einiger Beschränkungen irrig. Der größte Teil des Waldes ist Nutzwald, und naturbelassene Gewässer gibt es so gut wie keine mehr.

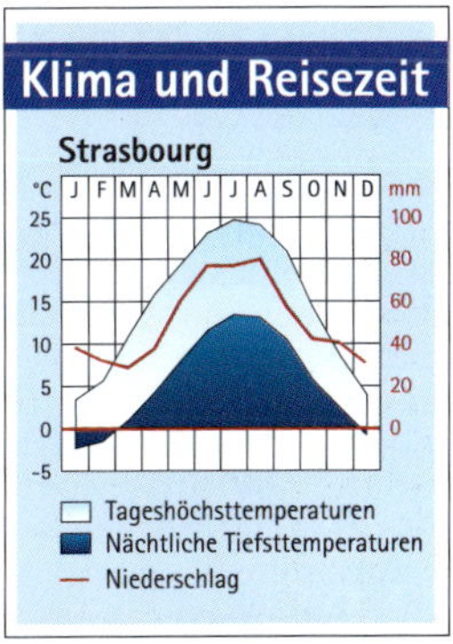

Früher trieben die Bäche die Mühlen der Handwerksbetriebe und Manufakturen, heute dienen selbst so idyllische Seen wie der *Lac Noir* der Elektrizitätsgewinnung.

Schwerwiegender ist das Problem des Waldsterbens, denn der saure Regen macht nicht vor der Grenze eines Regionalparks halt. Noch sind die Vogesen nicht im gleichen Ausmaß betroffen wie der benachbarte Schwarzwald, doch ist der Wald auch hier bereits erheblich geschädigt.

In Grauftal werden die Häuser in den Fels hineingebaut

Wappenvogel des Elsaß ist der Storch, der, sei es in Ton, Plastik oder Glas, in keinem Souvenirladen fehlt. Nachdem die Zahl der alljährlich aus ihren Winterquartieren in Afrika zurückkehrenden Schreitvögel beträchtlich gesunken war, wurden inzwischen Schutzmaßnahmen für die Tiere ergriffen, u. a. wurde eine Storchenstation in Hunawihr gegründet.

Bevölkerung und Religion

Auch hierin unterscheiden sich das Elsaß und Lothringen gründlich voneinander: Das kleine Elsaß ist rund doppelt so dicht besiedelt wie Lothringen und verzeichnet eine steigende Tendenz, während Lothringen seit der Wirtschaftskrise, die in den 60er Jahren begann, mit Bevölkerungsschwund zu kämpfen hat. Trotz der Grenzlage der Regionen und der europäischen Organisationen im Elsaß liegt der Ausländeranteil in beiden Regionen ungefähr im Landesdurchschnitt.

Wie in ganz Frankreich ist die Mehrheit der Bewohner des Elsaß und Lothringens katholisch, doch ist der Anteil der Protestanten, bedingt durch die Geschichte, relativ hoch. Im Elsaß liegt er bei ca. einem Fünftel der Bevölkerung. Vor allem im nördlichen Elsaß existieren noch Ortschaften mit protestantischer Mehrheit. Eine jüdische Gemeinde gibt es heute wieder in Straßburg.

Ebenfalls historisch begründet ist die rechtliche Sonderstellung der Kirche im Elsaß und im Département Moselle. Diese Gebiete waren zur Zeit der Trennung von Kirche und Staat in Frankreich von den Deutschen besetzt. Nicht ohne Auseinandersetzungen konnten die Kirchen hier ihre Besserstellung bewahren. Gemäß dem „Simultaneum", einem Gesetz, das bis ins 17. Jh. zurückgeht und den Protestanten vorschrieb, den Chor ihrer Kirche den Katholiken zu überlassen, falls sieben Familien dieser Konfession in der Gemeinde lebten, werden heute noch rund 50 Kirchen gemeinsam genutzt.

Sprache

Ein Gutteil der Originalität des Elsaß geht auf seine Sprache zurück, oder besser auf seine Sprachen, denn es ist nicht nur zwei-, sondern mindestens dreisprachig. Auch Lothringen wird von der großen germanisch-romanischen Sprachgrenze berührt, die durch Belgien, Nordostfrankreich und die Schweiz verläuft. Allerdings gehört nur ein kleiner Teil der Region zum germanischen Sprachgebiet.

Französisch lernte der Großteil der Elsässer erst im 19. Jh. Doch wurden die verstärkten Bemühungen der Pariser Regierung zur Durchsetzung der Landessprache, die ungefähr 1860 einsetzten, durch den Anschluß an Deutschland wieder zunichte gemacht. Der Sprachgebrauch hatte nun den politischen Gegebenheiten zu folgen, und praktisch jede Generation wuchs mit einer anderen Landessprache auf. Heute ist Französisch nicht nur offizielle Verwaltungs- und Schul-, sondern auch Umgangssprache. Wer der Landessprache mächtig ist, sollte sie als Tourist benützen. Merkt der Elsässer, daß man sich bemüht Französisch zu sprechen, dankt er es häufig in deutscher Sprache. Chancen, in Lothringen auf deutsch verstanden zu werden, bestehen nur im Osten der Region.

Brauchtum

Traditionspflege, die Beibehaltung alter Sitten und Bräuche haben im Elsaß einen höheren Stellenwert als in anderen Gegenden, da das typisch Elsässische oft genug als „welscher Plunder" oder „teutonische Barbarei" verteufelt wurde. Dennoch leben auch die Elsässer in einer modernen Industriegesellschaft, mit der sich Traditionen einer religiös geprägten Agrargesellschaft nur schlecht vertragen.

Lebendig sind im Elsaß und in Lothringen die Bräuche rund um Weihnachten. Aus Straßburg stammt vermutlich der Weihnachtsbaum, jedenfalls wurde der erste im Münster bereits im 16. Jh. aufgestellt. In den Zunftbüchern dieser Zeit sind Beträge für Christbaumschmuck aufgeführt. Großer Beliebtheit erfreuen sich noch immer die Johannisfeuer zur Sommersonnenwende im Juni, wo im Elsaß und im Moseltal große Holzstöße verbrannt werden. Außerdem werden Weinfeste gefeiert, die häufig dem lokalen Schutzpatron geweiht sind. Sie dauern meistens einen Tag.

Die Kühltürme des Atomkraftwerks Cattenom in Lothringen

Bei derartigen Volksfesten und an Feiertagen kramen denn auch die Elsässer und Elsässerinnen ihre Trachten wieder hervor, die sich fast schon von Dorf zu Dorf unterscheiden. Größte Bekanntheit erlangte die „Schlupfkapp“, die Kopfbedeckung der Frauen mit einer überdimensionierten Schleife vorne. In protestantischen Gegenden ist sie gewöhnlich schwarz, in katholischen rot oder bunt. In Zeiten erzwungener Germanisierung steckten sich die Elsässerinnen Kokarden an die Hauben, was sie sich allerdings fast nur im Exil erlauben konnten.

In einer Töpferei in Soufflenheim

Wirtschaft

In beiden Regionen ist die Landwirtschaft immer noch ein wichtiger Wirtschaftsfaktor, auch wenn sie immer weniger Menschen beschäftigt. Dennoch arbeitet im Elsaß zur Zeit noch jeder dreißigste Erwerbstätige in der Landwirtschaft. Am auffallendsten ist der Weinanbau: Zwischen Marlenheim und Thann wachsen am Fuß der Vogesenhänge auf einer Fläche von rund 100 ha Reben. In guten Jahren werden zirka eine Million Hektoliter fast ausschließlich weißen Weins gekeltert. Gut 15 % des französischen Weißweins stammen aus dieser Region.

Wegekreuz inmitten grüner Weinberge im Elsaß

Auch Lothringen besitzt kleinere Weinberge, beispielsweise in der Gegend um Toul und Metz. Was nach dem Keltern übrigbleibt, wird zu Tresterschnaps destilliert, außerdem werden in beiden Regionen ausgezeichnete Obstwässer hergestellt. Neben Wein werden nahezu alle Getreidesorten angebaut sowie Tabak (250 ha) und Hopfen für die Bierproduktion. Der Hopfenanbau verbreitete sich ab 1770 von Haguenau aus und machte das Elsaß zum größten Bierproduzenten Frankreichs: 40% aller im Land erzeugten Biere werden hier gebraut.

Südlich von Straßburg spielt die Sauerkrautfabrikation eine große Rolle. 31 Fabriken füllen jährlich 30 Tonnen in Konserven ab; die gleiche Menge wird frisch verkauft. In den Viehzuchtgebieten der Vogesen wird Käse, wie z. B. der Munster, produziert.

Industrielle Fertigung hat in der Region Tradition. Bereits im 18. Jh. ließen sich in den Vogesentälern die ersten Webereien nieder. Im Laufe der Zeit entwickelte sich hauptsächlich um Mulhouse aufgrund der vorhandenen Wasserkraft eine florierende Textilindustrie. In Lothringen spielten Kohle, der Eisenerzbergbau und die metallverarbeitende Industrie seit jeher eine Rolle.

Der Niedergang dieser traditionellen Industrien ist seit 1962 die Hauptursache für die wirtschaftliche Krise in Lothringen. Der rapide Abbau von Arbeitsplätzen verursachte die Abwanderung der jungen, arbeitsfähigen Bevölkerung und sinkende Geburtenzahlen. Lediglich diesem Bevölkerungsschwund und der Tatsache, daß über 41 000 Lothringer in Deutschland, Luxemburg und Belgien arbeiten, verdankt die regionale Arbeitslosenstatistik Werte, die sogar knapp unter dem französischen Durchschnitt liegen. Der Übergang zu einer breiter gefächerten Industrie ist allerdings seit Jahren im Gange, vor allem die Automobilherstellung und die Elektro- und Elektronikindustrie gewannen an Bedeutung.

Wichtig ist die Kohleproduktion: Nach wie vor kommen 73% der französischen Kohle aus Lothringen. Die übrige Energiegewinnung spielt in den beiden Regionen eine ebenso wichtige Rolle. Zu nennen sind da die Wasserkraftwerke am Rhein, die Kernkraftwerke von Fessenheim und Cattenom und mehrere Raffinerien.

Der Dienstleistungssektor ist nach wie vor und vor allem in den Städten eine immer noch prosperierende Branche mit einem hohen Beschäftigungsanteil. In diesem Zusammenhang muß auch der Tourismus genannt werden. Das Elsaß ist häufig – und vor allem für Deutsche (die unter den ausländischen Touristen in Frankreich mit Abstand am häufigsten vertreten sind) – Ziel kürzerer Reisen. Zumeist kulinarischen

Elsässerdeutsch

Zusammen mit Schwäbisch, Badisch und Schweizerdeutsch gehört Elsässisch zu den alemannischen Dialekten. Die regionalen Unterschiede sind groß: Der Dialekt des Sundgaus steht dem Südbadischen und Schweizerdeutschen näher als dem Elsässischen, wie es nördlich von Colmar geprochen wird. Die Sprache des Krummen Elsaß ist eng mit der des angrenzenden Pays de Bitche verwandt, die Gegend um Wissembourg weist ebenfalls viele Eigenarten auf.

Wie überall sprechen auch im Elsaß immer weniger Menschen Dialekt, doch noch ist Elsässisch nicht völlig in Vergessenheit geraten. Französisch ist natürlich nicht nur Amts- sondern auch Umgangssprache, aber sowohl in Dörfern als auch unter Kollegen und in manchen Familien wird durchaus noch Dialekt gesprochen. Mehr und mehr werden dabei französische Wörter oder Satzteile integriert, was zu einer kuriosen Mischung führt und das Verständnis beider Sprachen zur Voraussetzung für den „modernen" Dialekt macht. Häufig kann man sogar den raschen Wechsel von der einen zur anderen Sprache oder zum Dialekt beobachten.

Steckbrief

Elsaß:
Fläche: 8280 km²
Einwohner: 1 631 000
Bevölkerungsdichte: 197/km²
Ausländer: 7,8 % (Frankreich 6,3 %)
Arbeitslose: 5,1 % (Frankreich 9,3 %)

38 % der arbeitsfähigen Bevölkerung sind in Niederlassungen ausländischer Firmen tätig, 7,3 % der Bevölkerung sind in der Schweiz oder in Deutschland beschäftigt.

Drei Viertel des Exports gehen in die EU. Wichtigster Handelspartner ist Deutschland.

Lothringen:
Fläche: 23 547 km²
Einwohner: 2 305 730
Bevölkerungsdichte: 98/km²
Ausländer: 6,7 %
Arbeitslose: 8,5 %

Die Lebenserwartung liegt in Lothringen um 9 Monate unter dem französischen Durchschnitt.

Meistbesuchte Sehenswürdigkeiten sind der Parc Walibi Schtroumpf (410 000 Besucher 1993), die „schiefe Ebene" von Arzviller (176 000 Besucher) und das „Mémorial" von Verdun.

Zwecken dient – vor allem an Wochenenden – ein reger „kleiner Grenzverkehr". In Lothringen verdient der Fremdenverkehr wirtschaftlich nur im Département Vosges größere Beachtung. Die enorme Arbeitslosigkeit hat u. a. dazu geführt, daß im Elsaß die Partei von Le Pen großen Zulauf hat.

Storchennest in Rouffach an der Weinstraße

Verwaltung

Seit der Französischen Revolution ist das Elsaß in zwei, Lothringen in vier Départements unterteilt. Den Norden des Elsaß bildet das Département *Bas-Rhin* mit Strasbourg als Hauptstadt, den Süden das Département *Haut-Rhin* mit Colmar als Präfektur. Verwaltungszentrum der Région Alsace ist die größte elsässische Stadt Strasbourg.

Die vier bekannten Départements *Moselle* (mit Metz als Hauptstadt), *Meuse* (Bar-le-Duc), *Meurthe-et-Moselle* (Nancy) und *Vosges* (Epinal) bilden die Région Lorraine. Hauptort wurde nach harten Auseinandersetzungen Metz, nicht das größere Nancy.

Elsässische Tracht

Geschichte im Überblick

5. Jh.–1. Jh. v. Chr. Im Elsaß siedeln die keltischen Sequaner, in Lothringen die Mediomatriker und Leuker.

58 v. Chr. Im Elsaß werden die eingefallenen germanischen Sueben von Cäsar in der Nähe von Mulhouse geschlagen.

5. Jh. Das Römische Reich geht in den Invasionen der Völkerwanderungszeit unter.

496 Der Franke Chlodwig besiegt die Alemannen und schließt das Elsaß und Lothringen seinem Reich an.

843 Teilung des Karolingerreichs im Vertrag von Verdun: Karl der Kahle erhält den Westteil, Ludwig der Deutsche den Ostteil, Lothar verbleibt – zusätzlich zur Kaiserwürde – ein schmaler Streifen in der Mitte, der von Friesland bis zum Mittelmeer reicht und „Lotharii Regnum" bzw. „Lotharingien" genannt wird.

870 Das ehemalige Mittelreich Lothars wird aufgeteilt, das Elsaß und Lothringen fallen an das Heilige Römische Reich Deutscher Nation.

1354 Die zehn Reichsstädte schließen sich zum Zehnstädtebund zusammen.

1475 Herzog Karl der Kühne von Burgund erobert Lothringen.

16. Jh. Straßburg ist Zentrum der Reformation in Südwestdeutschland.

1552 König Henri II besetzt die drei Bischofsstädte Metz, Toul und Verdun. Vergeblich belagert Kaiser Karl V. Metz.

1635–1637 Eine verheerende Pestepidemie wütet in Lothringen. Auch das Elsaß leidet schwer unter dem Dreißigjährigen Krieg.

1648 Im Westfälischen Frieden erhält Frankreich die Vogtei über die elsässischen Reichsstädte und die ehemaligen habsburgischen Besitzungen im Oberelsaß.

1697 Im Frieden von Rijswijk wird der Rhein die Grenze zwischen Frankreich und dem Heiligen Römischen Reich Deutscher Nation.

1738 Der entthronte Polenkönig Stanislas Leszczynski wird Herzog von Lothringen, das nach seinem Tod 1766 an Frankreich fällt.

1870–1871 Nach dem Deutsch-Französischen Krieg wird das „Reichsland Elsaß-Lothringen" direkt dem Kaiser unterstellt.

1873 Abzug der deutschen Truppen aus dem französisch gebliebenen Teil Lothringens.

Ab 1895 Aufschwung von Bergbau und Stahlindustrie in Lothringen, erste Einwanderungswelle.

1914–1918 Lothringen ist einer der Hauptkriegsschauplätze, allein der mörderische Stellungskrieg um Verdun fordert in wenigen Monaten rund 600 000 Tote.

1919 Im Versailler Vertrag fällt Elsaß-Lothringen zurück an Frankreich.

1940–1944 Deutsche Besetzung des Elsaß und des Département Moselle. In den Vogesen errichten die Nationalsozialisten das einzige Vernichtungslager in Frankreich (Natzwiller-Struthof).

1949 Gründung des Europarats mit Sitz in Straßburg.

1972 Metz wird Regionalhauptstadt der Region Lothringen.

Ab 1975 Rezession und Umstrukturierungspläne der Stahlindustrie.

1992 Die Elsässer zeigen bei den Abstimmungen über die Verträge von Maastricht deutliche Zustimmung.

Hin, her und zurück

Viermal wechselten die Elsässer und rund ein Drittel der Lothringer in weniger als hundert Jahren die Nationalität – und jedes Mal sollten sie in Begeisterung ausbrechen oder wenigstens brave Patrioten sein. Dabei brachte jeder Machtwechsel Zerstörungen mit sich, die Wirtschaft hatte sich auf neue Partner und Märkte einzustellen, im Bildungs- und Erziehungswesen war Kontinuität ein Fremdwort.

Nach der Niederlage Frankreichs im Krieg gegen Deutschland 1870/71 wurde das *Reichsland Elsaß-Lothringen* direkt der kaiserlichen Verwaltung unterstellt. Innerhalb der nächsten 25 Jahre wanderten 250 000 Menschen aus. Dafür kamen 200 000 Deutsche, als Beamte, Geschäftsleute und Soldaten.

Im November 1918 zogen die französischen Truppen im Elsaß ein, und der Zentralstaat machte sich daran, alle Spuren der Besatzer zu beseitigen. Im Zuge dieser Angleichung wurden jetzt jene, die den Deutschen durchaus freundlich gesonnen waren, vor den Kopf gestoßen.

Verleugnet wurde jener Modernisierungsschub, der dem Elsaß von der einstigen Siegermacht verordnet worden war. Man forderte die rückhaltlose Anpassung an Frankreich. Und wieder blühte die Autonomiebewegung!

Singulär steht allerdings die erneute Germanisierung durch das Dritte Reich da. Neue Gesetze regelten alle Bereiche des Lebens.

Wer in der Öffentlichkeit Französisch sprach, kam ins KZ. 1942 wurden die Elsässer sogar in die Wehrmacht eingezogen. Nach 1945 wurde das Elsaß offiziell zum Symbol der Versöhnung zwischen den Kontrahenten.

Im politischen Alltagsleben blieben die Menschen reichlich verunsichert. Ohne die Zugehörigkeit zu Frankreich in Frage zu stellen, erinnerten sie sich wieder dran, Elsässer zu sein.

Schmiedeeisernes Prunkgitter auf der Place Stanislas in Nancy

Auf dem Col de la Schlucht verlief noch 1912 die deutsch-französische Grenze

Kultur gestern und heute

Sowohl das Elsaß als auch Lothringen waren bereits in prähistorischer Zeit besiedelt, was unter anderem zahlreiche in den Tälern von Maas, Saar und Mosel gemachte Funde bezeugen. Während der letzten Jahrhunderte vor Christi Geburt waren in dem Gebiet drei verschiedene Keltenstämme ansässig: die Sequaner im Elsaß, die Leuker im Süden und die Mediomatriker im Norden Lothringens. Die bedeutendste Hinterlassenschaft der Kelten ist zweifelsohne die sog. Heidenmauer auf dem Mont Sainte-Odile.

Straßburg, Metz, Toul und Verdun wurden von den Römern zu bedeutenden Städten ausgebaut. Metz war damals der wichtigste Verkehrsknotenpunkt in Ostfrankreich, und die Blüte der Stadt während der Merowinger- und Karolingerzeit wäre ohne ihre Bedeutung unter den Römern nicht möglich gewesen. Anschaulich belegen dies heute die Reste der römischen Thermen im Museum von Metz. Aber auch die 34 Reliefplatten der merowingischen Chorschranken aus St-Pierre-aux-Nonnains, dem ehemaligen Nonnenstift der Stadt, sind hier zu sehen – einem Bau, der übrigens als älteste erhaltene Kirche Frankreichs gilt.

In alle Welt verstreut sind inzwischen die Werke der Schule von Metz, die mit ihren Handschriften und Elfenbeinschnitzereien einen Beitrag zur Karolingischen Renaissance leistete.

Die Romanik

Unter den großen Klöstern Lothringens ragt Gorze bei Metz heraus, eine in karolingischer Zeit gegründete Abtei, deren geistlicher Reform sich im 10. und 11. Jh. mehr als 160 Klöster angeschlossen. Die ehemalige Stiftskirche in Ottmarsheim, die um 1040 nach dem Vorbild der Pfalzkapelle Karls d. Gr. in Aachen begonnen wurde, sei stellvertretend für eine Gruppe von Zentralbauten im Elsaß genannt.

Die übrigen romanischen Kirchen sind überwiegend dreischiffige Basiliken mit Westbauten, einem Querhaus und Kapellen im Osten. Bis zum 12. Jh. war man auch in dieser Gegend vom Bruchstein zu sorgfältig behauenen Quadern als Baumaterial übergegangen, doch wurde lange an dem aus der Lombardei importierten Wandgliederungssystem aus Bögen und flachen Bändern festgehalten. Das Relief der Architekturplastik blieb flach, und die Verteilung der skulptierten Platten über den Bau erscheint auf den ersten Blick fast willkürlich. Nach und nach gewinnt die Skulptur an Volumen und wird organischer in die Architektur einbezogen. Die bedeutendsten romanischen Kirchen stehen in Rosheim, Sélestat, Andlau, Marmoutier und in Mont-devant-Sassey im Maastal. Die Abteikirche Murbach ist in ihrer abgeschiedenen Lage selbst als Torso noch beeindruckend.

In der Stauferzeit erfuhr das Elsaß die besondere Förderung des Herrscherhauses, das über umfangreiche Besitzungen im Elsaß verfügte. Noch als Kaiser betrachteten die Staufer das Elsaß als Teil ihres Stammlandes, was sich in einer wirkungsvollen Stadtgründungspolitik und der Errichtung von zahlreichen Burgen niederschlug. Das größte Bauprojekt Kaiser Friedrich Barbarossas war die Pfalz in Haguenau, die völlig zerstört wurde. Besser erhalten blieben einige Burgen auf den Vogesenvorbergen, darunter die hochgelegene Burg Fleckenstein, die teilweise direkt in den Fels gehauen war.

Die Zeit der Gotik

Seit dem 13. Jh. änderte sich die Architektur unter dem Einfluß des benachbarten Frankreich grundsätzlich, selbst für das Straßburger Münster wurden neue Pläne gemacht. Jetzt galt es, die schweren Mauermassen zu öffnen und die romanischen Festungen in lichtdurchflutete, himmelstrebende Räume zu verwandeln. Kreuzrippengewölbe entlasten die Wände, in die große Fenster gebrochen werden können, an die Stelle der Säulen oder Pfeiler mit ihren Kapitellen treten mächtige, hohe Bündelpfeiler.

Eine herausragende Rolle spielte Straßburg, wo Künstler aus Sens und Chartres tätig waren, auch auf dem Gebiet der Skulptur: Vor allem die Arbeiten des sog. Ecclesia-Meisters und die einzigartige Schöpfung des Engelspfeilers sind hervorzuheben, aber auch in Thann und Colmar, in Metz und Toul stehen gotische Kirchen.

Die Malerei stand hinter den anderen Kunstgattungen nicht zurück: Martin Schongauer, dessen „Madonna im Rosenhag" in der Dominikanerkirche von Colmar hängt, lebte in dieser Stadt; der Dürer-Schüler Hans Baldung Grien wurde in der Nähe von Straßburg geboren. Zugewandert war Grünewald, in dessen „Isenheimer Altar" sich bereits die Renaissance ankündigt und der heute die Hauptattraktion des Musée d'Unterlinden in Colmar bildet.

Portal von St-Maurice in Epinal

„Pâmoison de la Vierge" in Saint-Mihiel von L. Richier

Renaissance

In der beginnenden Neuzeit entwickelte sich das Elsaß zu einem Zentrum des Humanismus. 1452 war in Schlettstadt, dem Geburtsort von Martin Butzer und dem Wohnort von Jacob Wimpfeling, eine noch heute bestehende Bibliothek gegründet worden. In Straßburg lebten der populäre Kanzelprediger Geiler von Kaysersberg, Sebastian Brant („Das Narrenschiff") und der Franziskaner Thomas Murner („Vom großen lutherischen Narren").

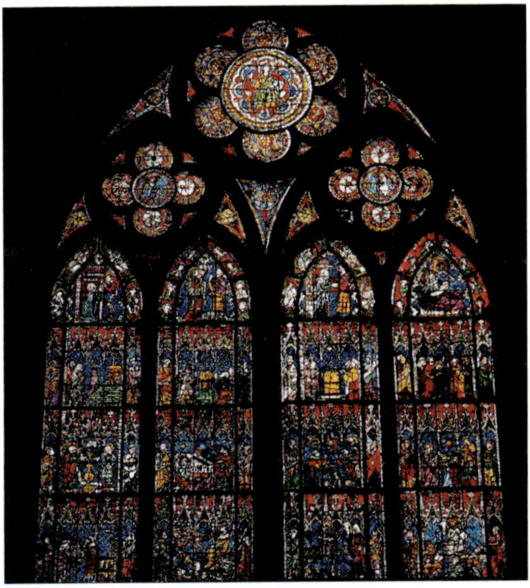

Fenster im Straßburger Münster

Eine Voraussetzung für die Arbeit der Humanisten war die Erfindung des Mainzers Gutenberg, der ab 1434 für einige Jahre in Straßburg lebte, wo ihm die Erfindung des Buchdrucks mittels beweglicher Lettern gelang. Wenig später entstanden in Straßburg bedeutende Druckhäuser. Die Reformation hielt Einzug in den elsässischen Städten, in Lothringen wandten sich vor allem die drei Bischofsstädte (Metz, Toul und Verdun) dem neuen Glauben zu.

Anstelle großer Kirchen rückten jetzt verstärkt profane Bauaufgaben in den Mittelpunkt. Die Städte legten sich repräsentative Rathäuser zu, wohlhabende Bürger ließen sich moderne Gebäude mit Treppengiebeln, Erkern, Freitreppen und antikisierendem Baudekor errichten. Auch die ältesten erhaltenen Fachwerkhäuser und die für viele elsässische Städtchen charakteristischen Brunnen mit aufwendiger architektonischer Fassung wie z. B. die „Sechseimerbrunnen" gehen ins 16. Jh. zurück. In Lothringen arbeitete um diese Zeit der Bildhauer Ligier Richier, dessen Werkstatt in St-Mihiel fast lebensgroße, von einer neuen Realitätsnähe geprägte Figuren schuf (s. S. 91).

Barock

Sowohl das Elsaß als auch Lothringen litten ganz erheblich unter dem Dreißigjährigen Krieg: Die Bevölkerung war dezimiert, die Wirtschaft stillgelegt, in Lothringen wütete die Pest. Der aus Nancy stammende Graphiker *Jacques Callot* hat die Schrecken des Krieges in seinen Stichen festgehalten. Claude Gellée, der als Maler unter dem Namen Claude Lorrain Berühmtheit erlangte, war sein Zeitgenosse. Noch heute begeistert die städtebauliche Umgestaltung, die der Ex-Polenkönig Stanislas Leszczynski seiner Residenzstadt Nancy ab 1751 angedeihen ließ.

Der Anschluß des Elsaß an Frankreich im Friedensvertrag von 1648 blieb für die Baukunst nicht folgenlos, denn nun machte sich der französische Einfluß verstärkt bemerkbar. Zunächst wurden den Landsleuten jedoch gewaltige Militärbauten beschert, entworfen von dem auf seinem Gebiet führenden Festungsbaumeister des Sonnenkönigs, Sébastien le Prestre de Vauban.

Ausgesprochene Barockbauten sind im Elsaß sehr selten, von Bedeutung ist jedoch die Abteikirche in Ebersmünster von dem Vorarlberger Peter Thumb. Viel strenger geriet die an Paris orientierte Architektur, wie beispielsweise die der beiden Rohan-Schlösser in Straßburg und Saverne sowie das Theater von Straßburg und die Kirche Notre-Dame in Guebwiller.

19. und 20. Jahrhundert

Bedeutung erlangte um 1900 die Schule von Nancy, eine Künstlergruppe um Emile Gallé, die einen eigenständigen Beitrag zum Jugendstil leistete. Ebenso sind mehrere Einzelpersönlichkeiten zu nennen, darunter der Straßburger Maler und Zeichner Gustave Doré (1832 bis 1883), der durch seine Illustrationen bekannt wurde, und der Bildhauer Frédéric-Auguste Bartholdi aus Colmar (1834–1904), der zahlreiche Brunnen in seiner Vaterstadt, aber auch die Freiheitsstatue von New York schuf. Von Bedeutung innerhalb der frühen Dada-Bewegung war der Maler und Bildhauer Hans Arp (1887–1966), dessen spätere Arbeiten im Bereich des Surrealismus anzusiedeln sind.

Erst in den letzten zwanzig Jahren hat das Bewußtsein um eine eigene, dezidiert elsässische Kultur wieder zugenommen. Zwar ruft heute – angesichts der Diskussion um ein „Europa der Regionen" – kaum mehr ein Elsässer nach politischer Selbständigkeit, doch wird das Recht auf kulturelle Selbständigkeit schon lange vehement eingeklagt. Bekannte Beispiele sind der Karikaturist Tomi Ungerer, der beide Nationen aufs Korn nimmt, das Straßburger Kabarett Barabli, das in Mundart spielt, und der Schriftsteller Martin Graff.

Feste / Veranstaltungen

Februar: Schieweschlawe (Werfen von glühenden Holzscheiben) in Offwiller.

Mittwoch vor Ostern: Les Champs-Golot, Winteraustrieb in Epinal.

April: Narzissenfest in Gérardmer, Schneckenfest in Osenbach.

Mai: Weinmarkt und Kirmes in Molsheim.

Pfingstmontag: Eröffnungstag der Kirmes in Wissembourg.

Juni: Musikfestival in Strasbourg, Musikfestival in Metz, Guglhupffest in Ribeauvillé, Internationales Bilderbogenfest in Epinal, Kirschenfest in Westhofen, Rosenfest in Saverne, Johannisfeuer.

Juli: Internationales Musikfest in Colmar, Weinmarkt und -fest in Barr und Ribeauvillé. 14 Juli: Feuerwerke und andere Festlichkeiten zum Nationalfeiertag.

August: Weinfest in Colmar und Sélestat, Hochzeit des Amis Fritz (Volksfest) in Marlenheim, Floßwettfahren in Kembs, Mirabellenfest und Heißluftballontreffen in Metz.

September: Pfifferdaj in Ribeauvillé, Sauerkrautfeste in Colmar, Geispolsheim und Krautergersheim, Musica-Festival zeitgenössischer Musik in Strasbourg, internationales Bugatti-Treffen in Molsheim, Mirabellenfest in Nancy.

Oktober: Jazzfestival in Nancy, Weinlesefeste in zahlreichen elsässischen Orten.

Dezember: Odilienfest, Wallfahrt auf den Mont Ste-Odile (13.12.), Christkindlmarkt in Strasbourg, Nikolausumzug und Weihnachtsmarkt in Metz.

Der Isenheimer Altar im Musée d'Unterlinden in Colmar

Blick auf das malerische Kaysersberg an der Weinstraße

Die Rokokokirche St-Jacques in Lunéville

Aus Küche und Keller

Die elsässische Küche ist fast schon ein Mythos, und längst ist es bei den deutschen Nachbarn üblich geworden, hautpsächlich zum Essen ins Elsaß zu fahren. Wie in anderen Gegenden Frankreichs besteht die traditionelle Regionalküche eher aus deftigen, nahrhaften Gerichten, hergestellt aus den einheimischen Produkten. Diese Art zu kochen findet man am ehesten noch in den Fermes-Auberges in den Vogesen (s. S. 24). Vorsicht ist natürlich in den vom Tourismus verwöhnten Orten geboten, so z. B. entlang der Weinstraße.

In Lothringen sind gute Restaurants außerhalb der großen Städte selten, aber mit etwas Mühe finden sich kleine, familiäre Lokale mit rustikaler, gelegentlich auch phantasievoller, auf jeden Fall typisch französischer Küche.

Spezialitäten des Elsaß

Fast schon als Symbol für das Elsaß kann man die garnierten Sauerkrautberge – *la choucroute* – bezeichnen. Das mit Würstchen, Fleisch und Leberknödeln garnierte und in Weißwein gekochte Kraut steht im gesamten Elsaß in fast jedem Lokal auf der Speisekarte ganz oben. Neuerdings wird das traditionelle Gericht auch mit Fisch serviert.

Baeckeoffe ist ein Fleischeintopf mit Kartoffeln und Weißwein, den man in den meisten Lokalen vorbestellen muß. Ebenfalls mit Weißwein wird der *Coq au Riesling* (Hähnchen) zubereitet. *Matelote,* ein Eintopf aus Süßwasserfischen, ist selten geworden, seit der Rhein keinen Fisch mehr hergibt. *La carpe frite* dagegen, der gebackene Karpfen, ein Süßwasserfisch, ist eine ausgesprochene Spezialität des Sundgaus.

Vor diesen Hauptgerichten, oder auch zu einem Glas Wein allein, schmecken eine *tarte à l'oignon,* ein Zwiebelkuchen, oder eine *tarte flambée,* ein Flammenkuchen. Weitere Vorspeisen sind Stopfleber, *foie gras* (*oie* von der Gans oder *canard* von der Ente) und Weinbergschnecken *(escargots).*

Zwei einheimische Käsesorten stehen zum Abschluß des Menus zur Wahl: der aromatische, kräftig riechende Kuhmilchkäse *Munster* und der *Géromé.*

Der *Kougelhopf,* wohl eine österreichische Erfindung, wird zum Frühstück serviert, schmeckt jedoch auch zu einem Glas Gewürztraminer.

Spezialitäten Lothringens

Nur selten wird die traditionelle Küche Lothringens in den Restaurants der Region angeboten. Eine Ausnahme bildet die *quiche lorraine,* ein Eierkuchen mit Speck, der in ganz Frankreich als Vorspeise beliebt ist. *Potée lorraine* ist ein deftiges Eintopfgericht mit Kohl, diversen Gemüsen und Würstchen.

Berühmt sind die Süßigkeiten Lothringens. Die *Madeleines* aus Commercy, ein muschelförmiges Sandgebäck, fanden sogar ihre literarische Würdigung durch Marcel Proust.

Verdun stellt in alter Tradition *Dragées* her, aus Bar-le-Duc stammt eine kernlose *Johannisbeerkonfitüre. Macarons* (Mandelmakronen) erhält man in Nancy, Mirabellenkonfitüre in den Vogesen.

Der Wein

Der vor den Westwinden geschützte, niederschlagsarme Osthang der Vogesen eignet sich hervorragend zum Weinbau, der hier mindestens seit der Römerzeit floriert. Als Vetriebsweg diente der Rhein – Elsässer wurde schon im Mittelalter in England und in Skandinavien getrunken. Die historischen Wechselbäder – vom nördlichsten französischen Weinberg zum südlichsten deutschen – wirkten sich auch auf die Strategien der Winzer aus: Nach dem Ersten Weltkrieg entschied man sich im Elsaß angesichts der französischen Konkurrenz dafür, zur Erzeugung von Qualitätswein überzugehen. Die Weinbauflächen in der Ebene wurden aufgegeben, edlere Gewächse pflanzte man weiter oben an den Hängen an. Die Bodenbeschaffenheit weist hier auf dem relativ kleinen Raum bereits Unterschiede auf, und die Anbauflächen der einzelnen Winzer sind vergleichsweise klein. Im Gegensatz zu den Produkten anderer französischer Weinbaugebiete wird der Elsässer nach der verwendeten Rebsorte benannt, nicht nach seinem Erzeugungsort.

Käserei in Metzeral im Munstertal

Riesling, *Gewürztraminer*, *Pinot gris d'Alsace* und *Muscat d'Alsace* gelten als Edelsorten; *Pinot noir*, *Sylvaner* und *Chasselas* sind preiswerter, keineswegs aber in jedem Falle schlechter. Bis auf den hellen Rotwein aus der *Pinot-noir-Rebe* sind alle Elsässer Weine weiß, mit wenigen Ausnahmen trocken, recht alkoholreich und nicht ganz billig. Gewöhnlich wird der Elsässer jung getrunken, nur die hervorragenden Jahrgänge eignen sich zur Lagerung.

Ein Verschnitt von sehr unterschiedlicher Qualität ist der *Edelzwicker*. Der *Crémant d'Alsace* ist ein Schaumwein, der in der Flasche gärt.

Lothringischer Wein ist selten: 6000 ha Anbaufläche erbringen an der Mosel und an den Côtes de Toul leichte Rosé- und Weißweine, darunter der *vin gris de Toul* (der „graue Wein von Toul"), der dort getrunken wird, wo er wächst.

So berühmt wie die Weine des Elsaß sind die Obstbrände: *Eau-de-vie de framboise* (Himbeerschnaps), Zwetschgen- oder Mirabellenbrand, der Tresterbrand *Marc de Gewürztraminer* und ein seltener und teurer Stechpalmenbrand *(Eau-de-vie de Baies-de-Houx)*.

Brotverkäuferin in Neuf-Brisach

Urlaub aktiv

Wandern

Die besten Wandergebiete in den beiden Regionen liegen natürlich in den Vogesen. Ein Netz gut markierter Wege durchzieht das Gebirge und ermöglicht praktisch jede Unternehmung vom Spaziergang bis zur kräftezehrenden Tageswanderung. Die Landschaft ist abwechslungsreich, egal, ob man nun von Burg zu Burg oder zu einem See laufen möchte.

Bei Mehrtagestouren ermöglichen inzwischen neben Reiseveranstaltern auch einige Hotels den Gepäcktransport bei Wanderungen mit und ohne Führung.

Im örtlichen Zeitschriftenhandel sind gute Wanderkarten erhältlich.

🛈 **Association pour le Developpement des Vosges du Nord,** Maison du Parc-Château, F-67290 La Petit Pierre,
☎ 88 70 46 55, 📠 88 70 41 04.
Rando Vosges, Hôtel-Restaurant La Roche des Fées, F-67420 Saales,
☎ 88 97 70 90, 📠 88 97 75 16.
Die Fremdenverkehrsämter bieten außerdem die Broschüre „Les grandes traversées des Vosges“ mit weiteren Adressen an.

Mit dem Fahrrad

Für einen Fahrradurlaub eignen sich beide Regionen. Im Elsaß sind aufgrund der geringen Entfernungen zwischen den Sehenswürdigkeiten sogar traditionelle Besichtigungstouren leicht mit dem Rad zu bewältigen. Von Offenburg verläuft außerdem über Strasbourg nach Molsheim einer der Europäischen Radwanderwege.

An den Bahnhöfen in Straßburg, Colmar und Gérardmer kann man Räder mieten. Außerdem hat sehr oft das Office de Tourisme vor Ort Adressen parat, wo Räder leihweise zu bekommen sind.

Wassersport

Selbstverständlich gibt es in beiden Regionen mehrere Badeseen, auf denen natürlich auch Surfer auf ihre Kosten kommen. Zu nennen sind da z. B. die Seen im Parc Naturel Régional des Ballons des Vosges: Lac de Gérardmer und Lac de Longemer. Der Lac de Madine besitzt einen Segelhafen, und der Lac de la Folie bei Contrexéville zählt ebenfalls zu den empfehlenswerten Tips. Ohne Übertreibung darf behauptet werden, daß der Etang de Hanau in den Nordvogesen mehr eine verwunschene Naturschönheit als unbedingt ein Badesee ist: Der Seerosen-Weiher liegt versteckt im Wald unterhalb der Burgruine Waldeck.

Reiten

Sicherlich zählt Reiten nicht gerade zu den billigen Arten der Fortbewegung, dafür aber zu den schönsten und umweltverträglichsten.

🛈 Adressen von Reiterhöfen sind über das Französische Fremdenverkehrsamt in Frankfurt/Main (s. S. 93) zu bekommen.

Angeln

Um in den zahlreichen Bächen, Flußläufen und Seen angeln zu können, benötigt man in Frankreich den Angelschein. Er ist im örtlichen *Bar-Tabac* zu bekommen und wird entsprechend den persönlichen Wünschen entweder für einen oder für mehrere Tage ausgestellt.

Wintersport

Die Vogesen sind sowohl für Langläufer als auch für den alpinen Skifahrer ein beliebtes Ziel.

🛈 Verkehrsämter.

Unterkunft

Hotels

Dank des intensiven Fremdenverkehrs gibt es im Elsaß und in den Vogesen eine große Auswahl von Hotels jeder Kategorie. Dennoch kann in Lothringen im Gegensatz zum Elsaß die Suche nach einem Zimmer außerhalb der großen Städte schon mühsam werden.

ℹ Hotelverzeichnisse sind bei den Französischen Fremdenverkehrsämtern (s. S. 93) und den regionalen Verkehrsämtern zu bekommen.

Nahezu alle Hotels unterliegen der Kontrolle der *Direction du Tourisme*. Diese Häuser sind an dem sechseckigen blauen Schild mit dem weißen Buchstaben H in der Mitte neben dem Eingang zu erkennen. Die weißen Sterne (einer bis vier) stehen für die amtliche Klassifizierung.

Fachwerk in Eguisheim an der Weinstraße

Logis de France

Es handelt sich um den Zusammenschluß mittelgroßer, zumeist familiär geführter Hotels. Auf die Qualität der Zimmerausstattung ist gewöhnlich Verlaß. Geworben wird mit einem gelben Kamin auf grünem Wappenschild. Hotels mit dem Slogan „Logis en Liberté" bieten Zimmerreservierung von Deutschland aus.

Hausfassade in Marville

ℹ Privattours, Kaiser-Friedrich-Promenade 87, D-61348 Bad Homburg, ☎ 0 61 72/2 98 15, Fax 29 05 39; Katalog im Buchhandel.

Climat de France

Auch diese Hotelkette setzt auf den familiären Charakter ihrer Häuser. Über eine deutsche Agentur kann man ein Scheckheft mit elf Hotel-

Bauernhaus in Hermeswiller

Vouchers erwerben, die im Hotel anstelle von Bar- oder Scheckzahlung abgegeben werden.

🛈 stb-Reisen, Roßmarkt 12,
D-60311 Frankfurt/Main,
☎ 0 69/29 20 49, 📠 28 47 65.

Chambres d'Hôtes

Das Verzeichnis privater Gästezimmer ist gratis erhältlich; eine Reservierung im voraus ist je nach Jahreszeit zu empfehlen.

🛈 s. unter „Logis de France“, S. 23.

Fermes-Auberges

In ländlichen Gegenden bieten sich Ferien auf dem Bauernhof an. Wer keinen allzu großen Wert auf Komfort legt, kann hier in idyllischer Lage wohnen.

🛈 Association des Fermes-Auberges du Haut-Rhin, B. P., F-68007 Colmar Cedex, Katalog ca. 50 FF.

Für Lothringen muß man sich an die Comités Départementals du Tourisme (s. S. 93) wenden.

Ferienwohnungen

Private Ferienwohnungen und Ferienhäuser aller Kategorien vermittelt ein zentrales Reservierungsbüro.

🛈 Gîtes de France, Sachsenhäuser Landwehrweg 108, D-60598 Frankfurt/Main, ☎ 0 69/68 35 99, 📠 68 62 36.

Camping – Caravaning

Verzeichnisse gibt es beim Französischen Fremdenverkehrsamt (s. S. 93). Zur Hauptreisezeit reservieren!

Unterkunft für Behinderte

Nur wenige französische Hotels nehmen Rücksicht auf Behinderte. Ein Hotelführer listet alle behindertengerechten Einrichtungen auf.

🛈 Association des Paralysés de France (A. P. F.), Délégation de Paris, 22, rue du Père-Guérin, F-75013 Paris, ☎ 1/40 78 69 56.

Reisewege

Mit dem Flugzeug

Die Anreise mit dem Flugzeug ist kaum zu empfehlen, da lediglich der Flughafen Basel/Mulhouse von ausländischen Maschinen angeflogen wird.

🛈 Französische Fremdenverkehrsämter (s. S. 93), Reisebüros.

Mit der Bahn

Unkompliziert ist die Reise zwischen den Großstädten, doch in den Kleinstädten wird es schwierig, und auf dem Land muß man auf Busse umsteigen.

🛈 Auskünfte über Strecken und eine Reihe von Vergünstigungen der Französischen Staatsbahn erteilen die Reisebüros.

Mit dem Bus

Innerhalb des Elsaß sind die Busverbindungen gerade akzeptabel, in Lothringen wird man in kleineren Orten Schwierigkeiten haben.

🛈 Auskunft erteilen die lokalen Fremdenverkehrsämter. Die Adressen finden

Geschwindigkeitsbegrenzungen

In der Stadt: 50 km/h
Landstraßen: 90 km/h
Schnellstraßen: 110 km/h
Autobahn: 130 km/h.

Bei Regen gilt:
80 km/h auf der Landstraße,
100 km/h auf Schnellstraßen,
110 km/h auf der Autobahn.

Bei Übertretungen drohen auch Ausländern saftige Geldbußen.

sich im Anschluß an die jeweilige Ortsbeschreibung.

Ausflugsboote auf dem Rhein-Marne-Kanal in Saverne

Mit dem Auto

Für die Einreise benötigen Autofahrer den nationalen Führerschein und ein Nationalitätskennzeichen am Wagen. Die Mitnahme der grünen Versicherungskarte ist empfehlenswert, aber nicht vorgeschrieben.

Straßenhilfsdienst
Auf Autobahnen kann Pannenhilfe über die Notrufsäulen angefordert werden, sonst über den Polizeinotruf, ☎ 17.

Der ADAC hat in Paris einen deutschsprachigen Notrufdienst eingerichtet, ☎ 1 61/45 00 42 95.

Mit dem Schiff

Statt auf der „Route des Vins“ mit dem Auto entlangzufahren könnte man das Elsaß auch einmal auf eine entspannendere Art und Weise kennenlernen: Wer sich für eine Fahrt auf einem der behäbigen Hausboote entschließt, läßt die Landschaft gemächlich an sich vorbeigleiten. Landausflüge werden per Rad oder zu Fuß unternommen.

Als Ausgangspunkte bietet sich z. B. Vitry-le-François am Zusammenfluß von Canal de la Marne au Rhin und Canal de la Marne à la Saône an. Der 313 km lange Rhein-Marne-Kanal verbindet Paris mit dem Rhein.

🛈 Französische Fremdenverkehrsämter (s. S. 93).

Blick vom Hohneck im Elsaß

Heißluftballon

Das Elsaß aus der Vogelperspektive ist ein nicht ganz billiges Erlebnis.

🛈 Aerovision, 4, rue de Hohrod, F-68140 Munster, ☎ 89 77 22 81, FAX 89 77 25 70.

** Strasbourg

Im Schatten des Münsters

Straßburg vereint das scheinbar Unvereinbare: Einerseits muß den Erfordernissen einer modernen, prosperierenden Großstadt Rechnung getragen werden, andererseits verlangt der historische als „Welterbe" deklarierte und komplett unter Denkmalschutz stehende historische Kern im Schatten des rosafarbenen Kathedralturms besonderen Schutz. Für die meisten ist die Stadt der absolute Höhepunkt des Elsaß, Goethe war einst hier Student und empfahl allen, zuerst dem Münster aufs Dach zu steigen. Und noch heute erliegt der Besucher der Faszination der Dächerlandschaft. Von Rostrot bis Dunkelbraun reicht die Farbskala der charakteristischen Biberschwanzpfannen. Gleichermaßen beliebt bei Touristen, Eurokraten, Bankern spielt sie weiterhin ihre uralte Rolle als Handelsplatz aber auch kulturelle und politische Vermittlerin.

Geschichte

1988 beging Straßburg, das auf eine keltische Siedlung zurückgeht, seine 2000-Jahr-Feier. Bezugspunkt war das römische Militärlager namens Argentoratum – Festung am Argens, der heutigen Ill –, das die Rheingrenze sichern sollte. Im 2. Jh. bereits von den Überfällen der Germanen heimgesucht, wurde die Stadt von den Hunnen unter Attila 451 fast vollständig zerstört. Ein neuer Name für die wiederaufgebaute, nunmehr alemannische Stadt tauchte im 5. Jh. auf: „Strateburgum", Burg an den Straßen. 842 schworen sich hier zwei Enkel Karls d. Gr., Karl der Kahle und Ludwig der Deutsche, Treue im Kampf gegen ihren Bruder Lothar, jeder vor dem Heer des anderen und in dessen Sprache. Die erhaltenen Texte dieser Straßburger Eide bilden die ältesten Dokumente der altfranzösischen und althochdeutschen Sprache.

Unter den Staufern wurde Straßburg 1205 Freie Reichsstadt. Im Mittelalter erlebte sie eine enorme Blüte, die sich bis in die Zeit des Humanismus und der Reformation fortsetzte: Gottfried von Straßburg verfaßte hier wahrscheinlich gegen 1210 das Versepos „Tristan"; Albertus Magnus, Meister Eckhart und sein Schüler Johannes Tauler lehrten in dieser Stadt. Den Mystikern folgten um 1500 führende Gestalten des Humanismus, darunter der Münsterprediger Geiler von Kaysersberg, Jacob Wimpfeling und Sebastian Brant („Das Narrenschiff"). Bereits 1440 ließ Johannes Gutenberg aus Mainz in Straßburg seine erste Druckerpresse laufen. Seine Erfindung führte nicht nur zur Gründung von Druckhäusern, sondern begünstigte die Verbreitung der neuen Ideen. Die Stadt, in der Matthäus Zell, Martin Butzer und Karlstadt die Lehre Luthers verkündeten, schloß sich der Reformation an und gewährte Calvin Asyl. 1538 wurde ein Gymnasium gegründet, aus dem später die Universität hervorging, an der u. a. Goethe und Herder studierten.

Mit dem Dreißigjährigen Krieg endete die Blütezeit. 1681 belagert, fiel die Stadt 1697 an Frankreich. Das Münster wurde wieder katholisch. Vauban erhielt den Auftrag für den Bau der Befestigungsanlagen.

Der Revolution war man durchaus zugetan. Als Beweis kann die Tatsache gelten, daß 1792 im Haus des Bürgermeisters zum ersten Mal die Marseillaise des Rouget de Lisle, die spätere französische Nationalhymne, gesungen wurde. Das Münster wurde zum „Tempel der Vernunft" umfunktioniert, sein Turm erhielt eine Jakobinermütze aus Blech.

Als Ergebnis des Kriegs von 1870/71 fiel Straßburg an das deutsche Kaiserreich. In der Folgezeit kam der Stadt ihre günstige Lage bei der Entwicklung der modernen Industrie erneut zugute. Schließlich bildeten der Rhein-Rhône- und der Rhein-Marne-Kanal günstige Vorraussetzungen. 1924 wurde der Port Autonome eröffnet, inzwischen der zweitgrößte Rheinhafen nach Duisburg. Nach dem Zweiten Weltkrieg besann man sich auf die historische Rolle Straßburgs als Grenzstadt und kultureller Schmelztiegel mit dem Ziel, sie zum Symbol der Versöhnung und des europäischen Einigungswillens werden zu lassen.

Das Jahr 1949 bleibt im Gedächtnis als Gründungsjahr des Europarats, dem inzwischen 26 Nationen angehören. Ihm folgten der Europäische Gerichtshof für Menschenrechte und die Europäische Menschenrechtskommission, auch das Europäische Parlament tagt hier regelmäßig. Mit den Gemeinden der Communauté Urbaine hat Straßburg heute rund 400 000 Einwohner, im erweiterten Kern selbst leben 252 000 Menschen.

Die berühmte Rose an der Westfassade des Straßburger Münsters

Stadtbesichtigung

Fast alle interessanten Sehenswürdigkeiten liegen auf der zentralen, von der *Ill* und ihrem Seitenarm, der *Fossé du Faux Rempart,* umgebenen Insel und lassen sich leicht zu Fuß erreichen. Unbelehrbare können zwar mit dem Auto in die Altstadt hineinfahren, doch enden die größeren Straßen unweigerlich auf Parkplätzen. Einige von ihnen liegen wie die Place d'Austerlitz oder die Place des Halles nahe den äußeren Ufern der Ill. Auf der Nord-Süd-Verbindung verkehrt übrigens wieder die Straßenbahn durch die Altstadt.

An einem schönen Sommerwochenende muß der Besucher sich nur im Strom der Touristen treiben lassen. Irgendwann steht er dann auf der *Place de la Cathédrale,* die noch immer den Mittelpunkt der Altstadt bildet: Das Münster und die nahen Museen, die Cafés und Restaurants ziehen die Touristenströme

Tips

Öffnungszeiten der Museen: tgl. außer Di 10–12 und 14–18 Uhr, So 10–18 Uhr (Musée d'Art Moderne und Musée de l'Œuvre Notre-Dame auch Di).

In die **Kathedrale** werden zwischen 11.30 und 12.40 Uhr nur Besucher für die Astronomische Uhr eingelassen.

Die Aussichtsterrasse auf dem **Barrage Vauban** ist im Sommer bis 21 Uhr geöffnet.

Im Touristenbüro und in den Hotels gibt es den **„Strasbourg Pass"**. Für drei Tage bekommt man nicht nur Ermäßigungen beim Eintritt der Sehenswürdigkeiten, sondern auch die Karte für eine ausgedehnte Bootsrundfahrt und das Spektakel „Son et Lumière".

an, in deren Gefolge Straßenmusiker und Händler die Szene beleben.

*****Münster Unserer Lieben Frau ❶.** Ein gallo-römisches Heiligtum und mehrere christliche Kirchen, darunter der 1015 unter Bischof Werinher begonnene Bau, gingen der heutigen Kathedrale voraus. Nach einer ganzen Reihe von Bränden entschloß man sich 1176 zum weitgehenden Neubau der Kirche: Unter Einbeziehung der alten Substanz wurde zunächst der Chor modernisiert und die Vierung eingewölbt. Zwischen 1220 und 1230 – man orientierte sich inzwischen an dem in Frankreich entwickelten gotischen Baustil – wurden die Querhausarme durch Hinzufügung von Pfeilern, darunter der berühmte Engelspfeiler, in je vier Joche unterteilt. Steht das südliche Querhaus noch am Übergang, so zeigt das nördliche bereits ganz gotische Formen.

Gegen 1275 war das Langhaus fertiggestellt, es konnte mit der Westfassade begonnen werden. Ihr Entwurf geht maßgeblich auf Erwin von Steinbach zurück, der die Ausführung bis zur Höhe des Rosengeschosses leitete. Erst 1439 kamen die Bauarbeiten mit der Vollendung des Nordturms im wesentlichen zum Erliegen. Die asymmetrische eintürmige Kathedrale ist bis heute das Wahrzeichen der Stadt, obwohl bedeutende Architekten bis ins vorige Jahrhundert hinein noch Pläne für einen zweiten Turm entwarfen.

Das Äußere: Auch dem an Hochhäuser gewöhnten Menschen verschlägt es für einen Moment den Atem, wenn sich unvermittelt vor ihm aus dem mittelalterlichen Häusergewirr das Münster in seiner ganzen Monumentalität emporreckt. Wieviel Mühe man sich auch gibt, stets fehlen Abstand und Platz, um die Westfassade, die einen Gutteil des Ruhmes der Kathedrale ausmacht, gebührend zu betrachten.

Die *Straßburger Fassade* entstand in der Tradition der klassischen französischen Zweiturmfassaden. Ein filigranes Gitter aus Maßwerk und schlanken Säulen verleiht ihr eine himmelstrebende Schwerelosigkeit. Bis zu der den Mittelteil dominierenden Rose geht die Ausführung auf Erwin von Steinbach zurück; ab 1384 arbeitete man nach Plänen von Michael Parler. Der Ulmer Münsterbaumeister Ulrich Ensinger entwarf die Pläne für den Nordturm, den Johannes Hültz aus Köln erhöhte und 1439 mit dem originellen Helm vollendete. Damit bekam Straßburg mit 142 m Höhe den höchsten Kirchturm Europas.

Vorbildcharakter hatte der Skulpturenschmuck der Fassade, dem ein komplexes theologisches Programm zugrundeliegt. Bei einigen der Figuren handelt es sich allerdings um Nachbildungen des 19. Jhs., da Zerstörungen während der Revolutionswirren ausgeglichen werden mußten. Auch durch Umwelteinflüsse gefährdete Statuen ersetzte man im Laufe der Jahre durch Kopien; die Originale sind im benachbarten Museum zu besichtigen.

Das linke Seitenportal zeigt im Tympanon Szenen aus der Kindheit Christi, im Gewände Personifikationen der Tugenden, die über die Laster triumphieren. Im Mittelportal sind ebenfalls Szenen aus dem Leben Christi dargestellt.

Das rechte Seitenportal zeigt im Tympanon das Jüngste Gericht, überragt von den Klugen und Törichten Jungfrauen in den Gewänden. Auch in diesem Fall mußten die Originale durch Kopien ersetzt werden.

Das *südliche Querhausportal* ist mit weiteren Skulpturen geschmückt. Sie wurden gegen 1230 in das noch romanische Doppelportal eingefügt. Das linke Bogenfeld zeigt an antike Vorbilder erinnernde Darstellung des Marientodes; das rechte die Marienkrönung. Die seitlichen Frauenfiguren symbolisieren Ecclesia und Synagoge bzw. den Triumph des Christentums mit Krone und Kreuzstab über das mit verbundenen Augen und zerbrochenem Stab dargestellte Judentum. Auch diese Originale befinden sich im Museum.

Der *Innenraum* wirkt insgesamt gesehen ausgewogen und harmonisch, trotz der Verbindung von staufischer Chorpartie und gotischem Langhaus. Das Mittelschiff erreicht bei einer Breite von 16 m eine Höhe von 31,5 m (Notre-Dame in Paris 12,8 m zu 32,4 m). Der Wandaufbau ist dreigeschossig, die Gesamtlänge beträgt 118 m.

Außer einigen mittelalterlichen Ausstattungsstücken blieben bedeutende Teile der *Glasfenster* erhalten. Die ältesten Scheiben befinden sich im nördlichen Querhaus und im nördlichen Seitenschiff. Der beim Bau des gotischen Schiffs wiederverwendete Zyklus der **Kaiserfenster* stammt noch aus der Kirche des Bischofs Werinher und entstand wahrscheinlich um 1200. Den auf der Nordseite dargestellten karolingischen, ottonischen, salischen und staufischen Herrschern entsprach auf der Südseite früher ein Zyklus mit

1. Münster Unserer Lieben Frau
2. Maison Kammerzell
3. Musée de l'Œuvre Notre-Dame
4. Château des Rohan
5. Musée d'Art Moderne
6. Musée Historique
7. Ancienne Douane
8. Rabenhof
9. Musée Alsacien
10. St-Thomas
11. La Petite France
12. Barrage Vauban

Die spätmittelalterliche Bauhütte

Der Bau einer gotischen Kathedrale stellte im Mittelalter ein Großprojekt dar, dessen Durchführung offensichtlich auch neuer Organisationsformen bedurfte. Zwar kannte man schon in der Zeit der Romanik Gruppen von Bauhandwerkern, die von Ort zu Ort zogen, und Verbände von Laienbrüdern, die in den Klöstern arbeiteten. Doch erst die Großbaustellen der Gotik führten zur Gründung der sog. Bauhütten. Ihre Aufgabe bestand u. a. in der Koordinierung der Arbeiten zwischen dem einzelnen Handwerker und den diversen Werkstätten. Da diese Bauhütten vor allem den Steinmetzen ganzjährig Arbeit verschafften, konnten sie sich qualifizieren und spezialisieren und ließen sich somit leichter an einen Ort binden. Während der Blütezeit der Bauhütten, in Deutschland fiel sie ins 14. Jh., wurden neben den Kathedralbaustellen feste Behausungen eingerichtet, in denen im Winter Steine auf Vorrat behauen wurden, die im Sommer nur noch gesetzt werden mußten.

Trotz einer festen Organisation waren die Mitglieder der Bauhütten flexibler als die ortsansässigen, in Zünften organiserten Steinmetzen und besaßen weitreichende, oft überregionale Verbindungen.

Jeder Bauhütte stand ein Hüttenmeister vor, der oft gemeinsam mit dem Bauherren als Architekt bezeichnet werden kann und sowohl für Planung, als auch Entwurf verantwortlich zeichnete. Unter anderem fertigte der Meister die Schablonen für Profile, Gesimse und Rippen als Vorlage für die Gesellen an. Oft betreuten diese Meister mehrere Baustellen gleichzeitig, sie waren hochangesehen und gut bezahlt. Daß nur relativ wenige Künstler namentlich überliefert sind, dürfte übrigens hauptsächlich an den nur spärlich vorhandenen Quellen, keineswegs an der Bescheidenheit der Baumeister liegen. Vertreter des Baumeisters war der Parlier, der Anfang und Ende der Arbeitszeit bekanntgab, die Werkstücke kontrollierte und andere Aufsichtsfunktionen innehatte. Der Großteil der Hüttenmitglieder waren Steinmetzgesellen, die fünf Jahre gelernt hatten und ein Jahr auf Wanderschaft gewesen sein mußten. Unterstützt wurden sie von angelernten Kräften, die Hilfsarbeiten ausführten. Rechte und Pflichten der Hüttenmitglieder waren in den Hüttenordnungen festgelegt. Zu den bekanntesten zählt die „Ordenung der Steinmetzen zu Straßburg" aus dem Jahr 1459. Damals wurde Straßburg zur Haupthütte für Süd-, West- und Mitteldeutschland bestimmt, eine Funktion, die die Straßburger Hütte, wenn auch nicht unangefochten, bis ins 18. Jh. bewahren konnte. Von Bedeutung war dieser Rang wohl hauptsächlich im Fall von Streitigkeiten in anderen Hütten, die mit Hilfe der Haupthütten (Köln, Wien und Bern hatten eine ähnliche Position) geschlichtet werden sollten.

Aposteln und Propheten. Das Mittelfenster der Chorapsis ist eine Stiftung des Europarats und wurde 1956 von Max Ingrand geschaffen.

Über dem zweiten Mittelschiffjoch ist in einem Gehäuse aus dem ausgehenden 15. Jh. die große *Orgel* von Andreas Silbermann eingebaut. Der Münsterbaumeister Hans Hammer schuf 1484/85 die spätgotische, mit qualitätvollem Figurenschmuck versehene *Kanzel* für den Prediger Geiler von Kaysersberg. Am Kanzelkorb ist eine

Aus der Dächerlandschaft des mittelalterlichen Stadtkerns erhebt sich das gotische Münster

Kreuzigung mit Aposteln und Engeln zu sehen, am Fuß der Kanzel stehen Maria, Papst Leo IX. und Heiligenfiguren. Im südlichen Querhausarm gehört der tragende * *Engelspfeiler* zu den herausragenden Details. Sein Skulpturenschmuck dürfte zwischen 1220 und 1230 entstanden sein. Es handelt sich um eine äußerst ungewöhnliche Darstellung des Jüngsten Gerichts, die wohl im Zusammenhang mit der Gerichtsstätte, die sich einst vor dem Südportal befand, gesehen werden muß. In der unteren Reihe stehen die vier Evangelisten. Darüber fällt der Blick auf die vier Engel mit Posaune. Den Abschluß bildet eine Christusfigur in der Verkörperung des Weltenrichters. Flankiert wird sie von vier Engeln, die die Leidenswerkzeuge tragen. Das Jüngste Gericht, dessen Darstellung der romanischen Kunst, aber auch noch der Gotik sonst stets Anlaß zur grausigen Ausmalung drohender Höllenstrafen war, wird hier auf eine sehr symbolische, nahezu abstrakte Weise vergegenwärtigt.

Gleich neben dem Engelspfeiler befindet sich die * *Astronomische Uhr,* eine weitere Attraktion des Münsters. Das 18 m hohe Gehäuse wurde im 16. Jh. von zwei Münsterbaumeistern geschaffen, die Mechanik erneuerte Jean-Baptiste Schwilgué im Jahr 1838. Die Uhr zeigt Sonnenauf- und -untergang, Heiligenfeste und Sonnenfinsternisse an. Täglich um 12.30 Uhr – die Kirche ist dann bis auf das Südportal geschlossen – ziehen die Apostel an Christus vorüber, der Hahn kräht dreimal und schlägt mit den Flügeln.

330 Stufen sind es bis zur Aussichtsplattform: Ein herrlicher Blick auf die Stadt, die Umgebung und den Münsterturm belohnt die Anstregung.

Von April bis Mitte Oktober wird eine 45minütige Ton-Licht-Schau („Son et Lumière“) angeboten.

***Maison Kammerzell** ❷. An der Westseite des Münsters steht mit seinen leicht vorkragenden Stockwerken das mit Abstand schönste Fachwerkhaus der Stadt. Sein Erbauer, der wohlhabende Kaufmann Kammerzell, ließ sich dieses Haus im 16. Jh. errichten. Hinter der dekorativen Fassade mit üppig geschnitzten Balken, die Tierkreiszeichen ebenso darstellen wie die christlichen Tugenden, hat sich ein renommiertes Restaurant etabliert.

Fast alle wichtigen Museen Straßburgs liegen in unmittelbarer Nähe des Münsters.

**** Musée de l'Œuvre Notre-Dame** ❸. Das Frauenhaus-Museum steht – sowohl was seine Gebäude, als auch was seine Sammlungen anbelangt – in einem direkten Zusammenhang mit dem Münster. Seit 1347 waren die Häuser Sitz der Münsterbauhütte, der 1459 die Oberleitung über die deutschen Bauhütten erteilt wurde.

Zu den Glanzstücken der Exponate zählen die *gotischen Baupläne.* Es handelt sich um Entwürfe zur Westfassade und zum Turm aus der Zeit von 1275 bis ins frühe 16. Jh. Da solche Zeichnungen nur äußerst selten erhalten blieben, handelt es sich um kunsthistorische Dokumente ersten Ranges. Die *Originalskulpturen* mußten wie schon beim Münster durch Kopien ersetzt werden. Die Originale sind ebenfalls im Museum zu sehen. Hinzu kommen Fragmente des 1682 abgebrochenen Lettners aus dem 13. Jh. Die Sammlung mittelalterlicher *Glasmalerei* umfaßt ebenfalls aus dem Münster stammende Stücke. Als Beispiel sollen nur die bekannte Darstellung Karls d. Gr. und die Chorfenster der Straßburger Thomaskirche aus dem 13. Jh., die beim Einbau des Grabmals von Moritz von Sachsen entfernt wurden, genannt werden. Der berühmte Christuskopf aus der Abteikirche von Weissenburg aus der Zeit um 1070 gilt als älteste figürliche Glasmalerei überhaupt.

Auch die Kunst der Gotik und Renaissance des übrigen oberrheinischen Gebiets ist mit teilweise hervorragenden Beispielen vertreten.

Château des Rohan ❹. Zwischen 1730 und 1742 ließ sich Kardinal Gaston-Armand de Rohan-Soubise diesen Bau als erzbischöfliche Residenz an der Stelle des mittelalterlichen Bischofssitzes errichten. Die Baupläne lieferte der königliche Architekt Robert de Cotte. Die monumentale Hauptfassade der Anlage geht zur Ill, die Mitte markiert ein Dreiecksgiebel auf vier korinthischen Säulen, die Seiten sind durch Risalite hervorgehoben. Richtung Münster öffnet sich der Eingang zum Ehrenhof mit einer konkaven Galerie zwischen zwei Pavillons. Seit 1898 werden die sehenswerten Innenräume des Schlosses als Museum für drei unterschiedliche Sammlungen genutzt.

Skulpturenfries am Hauptportal des Münsters

Das * *Musée des Beaux-Arts* ist eine bedeutende Gemäldegalerie mit herausragenden Sammlungen zur Gotik und Renaissance sowie zahlreichen Werken des 17. und 18. Jhs. aus den unterschiedlichsten europäischen Ländern. Die italienische Malerei ist u. a. mit der Giotto-Schule, Filippino Lippi und Botticelli vertreten, die deutsche mit Grünewald- und Schongauer-Madonnen, Cranach und Baldung Grien, die niederländische mit Hans Memling und Lucas van Leyden. Des weiteren sind Werke von El Greco, Murillo und Goya sowie von Rubens, van Dyck, Ruysdael und Pieter de Hoogh zu sehen.

Blick vom Münster auf die Altstadt

Im Untergeschoß sind die vor- und frühgeschichtlichen Sammlungen des * *Musée Archéologique* untergebracht. Zusammen mit dem Museum in Metz besitzt Straßburg die umfangreichsten Bestände dieser Art in der Region. Steinzeit und keltische Hallstattkultur (ein rekonstruierter Grabwagen) bilden den Anfang, gefolgt von der gallo-römischen Epoche (Archi-

Prunkvolles Fachwerk an der Maison Kammerzell

tekturfragmente, Reliefs, Stelen, Keramik und ein Modell des römischen Militärlagers). Ein Raum ist der römischen Kultstätte auf dem Donon gewidmet, andere Abteilungen dem religiösen Leben und dem Alltag in dieser Zeit. Den Abschluß bildet die Darstellung der merowingischen Epoche.

Das * *Musée des Arts Décoratifs* zeigt im Erdgeschoß exzellente Beispiele des Kunsthandwerks. Ausgestellt sind Arbeiten der Goldschmiedekunst, der Möbelschreinerei und des Uhrmacherhandwerks. Eine umfangreiche Keramiksammlung dokumentiert die Arbeit der Straßburger Manufaktur der Familie Hannong zwischen 1721 und 1872. Der aus den Niederlanden zugewanderte Carl Franz Hannong hatte zunächst mit der Herstellung von Fayencen begonnen und war dann zur Porzellanproduktion übergegangen.

Das * **Musée d'Art Moderne** ❺ ist bis zur Fertigstellung eines Neubaus auf dem Gelände der ehemaligen Schlachthöfe westlich der Ill-Insel povisorisch in einem Gebäude an der *Place du Château* (Nr. 5) untergebracht. Gezeigt werden Kunstwerke aller Gattungen vom späten 19. Jh. bis zur Gegenwart. Es sind Arbeiten des französischen und deutschen Impressionismus und des Surrealismus zu sehen, Plastiken von Zadkine und Niki de Saint-Phalle, Werke von Beuys und Baselitz.

Ein Saal ist dem 1877 in Straßburg geborenen Hans Arp gewidmet, einem der Begründer der Dada-Bewegung.

Richtung Ill gelangt man zum ehemaligen Ferkelmarkt **Place du Marché-aux-Cochons-de-Lait** mit einer Reihe schöner Fachwerkbauten, die hauptsächlich aus dem 16. Jh. stammen. Linker Hand schließt sich die **Place du Marché-aux-Poissons** an. Auf dem einstigen Fischmarkt am Ufer der Ill bieten heute am Samstagvormittag die Bauern aus der Umgebung ihre frische Ware an. Die *Grande Boucherie* wurde 1586 errichtet und diente bis Mitte des 19. Jhs. als Schlachthaus und Verkaufsstätte. Seit Anfang des 20. Jhs. werden die Räume vom **Musée Historique** ❻ genutzt. Interessantestes Ausstellungsstück ist ein Modell Straßburgs aus dem Jahr 1727 im Maßstab 1:600. Außerdem sind militärgeschichtliche Objekte, Urkunden zur Stadtgeschichte (u. a. ein Faksimiledruck der Straßburger Eide) und Zeugnisse aus der Frühzeit des Buchdrucks zu sehen.

Der Karikaturist Tomi Ungerer hat eine Sammlung mechanischer Spielzeuge aus zwei Jahrhunderten zusammengetragen.

Gegenüber steht die **Ancienne Douane** ❼. Das ehemalige Zoll- und Kaufhaus war im Mittelalter der größte Warenumschlagplatz der Stadt. Der **Pont du Corbeau,** zu deutsch Rabenbrücke, war im Mittelalter Vollstreckungsort der Gerichtsurteile. Kein Wunder, daß sie lange Zeit als „Schindbrücke" bezeichnet wurde. Linker Hand ist der Eingang zum Innenhof des ehemaligen Gasthauses **„Rabenhof"** ❽, in dem u. a. Berühmtheiten wie Voltaire und Friedrich d. Gr. übernachteten. Das Viertel *Krutenau,* abgeleitet von „Kräuterau", besitzt einige sehenswerte Renaissancegebäude, lebhafte Cafés, Jazzlokale und Restaurants.

Die Gründung des * **Musée Alsacien** ❾ im Jahre 1902 muß im Zusammenhang mit den Bemühungen um die Bewahrung regionaler Eigenarten angesichts der drohenden Germanisierung des Elsaß gesehen werden. Schon allein von den Räumlichkeiten her, ist es eines der schönsten Museen Straßburgs. Es ist in drei Fachwerkhäusern des 16. und 17. Jhs. untergebracht. Die umfangreichen Sammlungen reichen von vollständig eingerichteten Küchen und Apotheken bis hin zu Puppenstuben. Aber auch die unterschiedlichsten Gugelhupfformen wurden gesammelt.

Zu den originellen Sakralbauten der Stadt gehört zweifellos **St-Thomas** ❿. Wahrscheinlich stand seine Umgestaltung unter dem Eindruck des gotischen Umbaus der Kathedrale. Anfang des

14. Jhs. wurde eine gotische Hallenkirche errichtet, gegen Ende des Jahrhunderts fügte man an jeder Seite noch ein Schiff an, und somit entstand diese fünfschiffige Halle mit Kreuzgewölben. In der Apsis steht das von Jean-Baptiste Pigalle entworfene Grabmal für Marschall Moritz von Sachsen. Die Kirche wurde dann nach der Rückgabe des Münsters an die Katholiken den Lutheranern überlassen. Alljährlich finden hier die von Albert Schweitzer begründeten Bach-Konzerte auf der Silbermann-Orgel ein begeistertes Publikum.

La Petite France sollte man vielleicht per Schiff erleben

*** La Petite France ⓫

„Klein-Frankreich" ist neben dem Münster die Hauptattraktion Straßburgs, und dabei war diese Gegend früher alles andere als ein Vorzeigeviertel. Seinen Namen erhielt es von einem Hospital, in dem vorwiegend Patienten mit der „französischen Krankheit" (Syphilis) kuriert werden sollten. Hier, am Rand der alten Kaufmannsstadt, ließen sich Handwerker, vor allem Gerber, nieder, die für ihre Arbeit viel Wasser benötigten.

Straßencafé an der Place du Corbeau

Was heute so romantisch erscheint, war ursprünglich durchaus funktional: In den offenen Dachgeschossen der hohen, spitzgiebeligen Fachwerkhäuser, trockneten die Gerber noch im letzten Jahrhundert die nassen Häute. Daß diese Kanäle aufgrund der Färbemittel einen eher undefinierbaren Farbton hatten und sich entlang ihres Verlaufs keine Wohlgerüche ausbreiteten, versteht sich von selbst. Heute riecht es hier allenfalls noch nach Sauerkraut, und die herausgeputzten, blumengeschmückten Fachwerkhäuser, in denen sich längst Weinstuben und Restaurants eingenistet haben, spiegeln sich in der halbwegs sauberen Ill. Abends, wenn die Pracht beleuchtet wird, spazieren noch immer unzählige Besucher durch die Gassen, und halbe Straßenzüge ver-

Fachwerk im historischen Altstadtkern

wandeln sich an schönen Sommertagen in Terrassenrestaurants.

Ein Blick wie aus dem Bilderbuch bietet sich vom *Pont St-Martin* aus auf das Viertel. Die schönste Straße ist die **Rue du Bain-aux-Plantes,** deren Name an die pflanzlichen Gerbstoffe, mit denen damals gearbeitet wurde, erinnert. Die ehemaligen Handwerkerhäuser stammen aus dem 17. und 18. Jh. und sind alle stark restauriert. Die **Maison des Tanneurs** mit der „Gerwerstub", heute Restaurant, ist vielleicht das schönste darunter.

Den südwestlichen Abschluß der Petite France bilden die gedeckten Brücken, * **Ponts Couverts,** über die drei Arme der Ill. Der Fluß tritt hier in das mittelalterliche Stadtgebiet ein. Grund genug, um den Ort im 14. Jh. zu befestigen. Die überdachte Holzbrücke wurde dann 1860 durch die jetzige Steinbrücke ersetzt. Lediglich die quadratischen Türme sind noch Reste der hochmittelalterlichen Stadtbefestigung. Die gründliche Modernisierung dieses hoffnungslos veralteten mittelalterlichen Verteidigungssystems veranlaßte Louis XIV. Er übertrug 1686 seinem Festungsbaumeister Vauban mit der Neukonzeption. Erst viel später wurde dieses Wehr mit seinen 13 Schleusentoren nach seinem Architekten **Barrage Vauban** ⓬ benannt. Dessen genialer Einfall bestand darin, daß im Fall einer Belagerung alle Stadtgäben geflutet werden konnten. Von der Aussichtsterrasse aus bietet sich ein schöner * Ausblick auf Straßburg.

Nördliche Altstadt

Der nördliche Teil der Ill-Insel wurde im wesentlichen im 18. Jh. neu angelegt. Statt mittelalterlichen Gassengewirrs systematische Stadtplanung: Gerade Straßenzüge münden in klar gegliederte Platzanlagen.

Pläne für die Neugestaltung der **Place Kléber** entwarf der Architekt Blondel. An der Nordseite des Platzes steht die ehemalige Hauptwache. Die Medaillons deutscher Komponisten an der Fassade wurden im 19. Jh. angebracht, als der Bau als Konservatorium genutzt wurde. Platzmittelpunkt ist das Denk- und Grabmal des in Straßburg geborenen Marschalls Jean-Baptiste Kléber. Die westlich gelegene **Place Broglie** war früher unter anderem Turnierplatz und wurde 1740 vom Marschall de Broglie als Promenade angelegt. Das heutige *Rathaus,* konzipiert als Privatpalais, und das *Stadttheater* an der Stirnseite des Platzes konnten erst im ersten Viertel des 19. Jhs. fertiggestellt werden.

Nach dem Krieg von 1870/71 und der Schaffung des Reichslandes Elsaß-Lothringen sollte Straßburg eine weitere Umgestaltung, diesmal unter der Zuständigkeit des Deutschen Reichstags, erfahren. Zur Debatte stand die Planung für die nördlich und westlich der Ill gelegenen Stadtteile. Einerseits um „deutsche" Architektur bemüht, kam man andererseits an den französischen Vorbildern, vor allem Haussmanns Planung für Paris, nicht vorbei. Der Berliner Architekt August Ort arbeitete mit dem Straßburger Stadtbaumeister Geoffroy Conrad (1880–1918) zusammen. In verschiedenen historistischen Stilen entstanden der *Bahnhof* mit seinen Nebengebäuden, die Gebäude der *Universität* und an der **Place de la République** am nordöstlichen Rand des Altstadtkerns das *Palais du Rhin,* das *Konservatorium* und die *Universitätsbibliothek.*

Weiter außerhalb des Altstadtkerns liegen die interessanteren modernen Gebäude, darunter die **Maison de la Radio-Télévision** (Place Bordeaux), erbaut 1961 und von Jean Lurçat mit einem 30 m langen Mosaik geschmückt, und das 1977 eröffnete **Palais de l'Europe** (Avenue de l'Europe; Busse ab der Place Kléber). Der von dem französischen Architekten Henri Bernard geschaffene Bau gehört dem Europarat; das Europäische Parlament tagt hier als Untermieter. (🕓 Außerhalb der Sitzungswochen ist eine Besichtigung möglich; ❶ Office de Tourisme.)

Die **Orangerie** gegenüber wurde im 19. Jh. als Landschaftsgarten angelegt. In dem großen, Park stehen neben dem Schlößchen der Kaiserin Joséphine ein Fachwerkhaus aus dem Jahr 1607, das *Buerehiesel,* das aus Molsheim nach Straßburg gebracht wurde.

Zum Abschluß vielleicht eine Rundfahrt durch den **Port Autonome.** Im zweitgrößten Rheinhafen werden jährlich mehr als 10 Mio. t Fracht umgeschlagen. Der Hafen (1058 ha) verfügt über 15 Becken, zwei Vorhäfen und insgesamt 37 km Uferlinie.
ⓘ Port Autonome, 15, rue de Nantes, ☏ 88 84 13 13.

Das Palais de l'Europe ist der Sitz des Europarates

Ausflüge

Route de la Choucroute: Nur wenige Kilometer südlich von Straßburg beginnt das größte Weißkohlanbaugebiet Frankreichs. Zwischen *Geispolsheim* und *Krautergersheim* – wo allein ein Dutzend der insgesamt 31 Sauerkrautfabriken der Region ihren Sitz haben – werden jährlich etwa 30 000 t, die Hälfte der Gesamternte, verarbeitet. Einige Betriebe sind von Juli bis November für Besucher geöffnet (z. B. Pfleger in Krautergersheim oder Choucroutal in

Auf dem Ferkelmarkt

Elsässer Bier

Im Mittelalter brauten Mönche Bier vor allem für den Eigenbedarf, und nur gelegentlich verkauften sie es in ihren Hospizen auch an Pilger weiter. 1260 wurde in Straßburg die erste Brauerei außerhalb eines Klosters gegründet, und damit das Brauereigewerbe in der Stadt begründet. Auch heute spielt das Bier in der eher als Weingegend bekannten Landschaft wieder eine bedeutende Rolle. Vor allem in der zweiten Hälfte des vorigen Jahrhunderts wurde der Hopfenanbau enorm ausgedehnt. Der Verlust des deutschen Marktes nach dem Ersten Weltkrieg erschwerte den Absatz allerdings so sehr, daß der Anbau nicht weiter forciert wurde. Heute wird mehr als die Hälfte des in Frankreich getrunkenen Bieres im Elsaß gebraut. Großflächig angelegte Hopfenfelder sind vor allem im Kochersberger Land zu sehen.

Folgende Brauereien können besichtigt werden:

Brasserie Kronenbourg, 68, route d'Oberhausbergen, Strasbourg, ☏ 88 27 41 59;
Brasserie Meteor, 6, rue du Général-Lebocq, Hochfelden, ☏ 88 71 73 73;
Heineken, 10, rue St-Charles, Schiltigheim, ☏ 88 62 90 80.

Obenheim). Im September und Oktober finden die verschiedenen Sauerkrautfeste (Fêtes de la Choucroute, s. S. 19) statt.

Kochersberger Land: Im Dreieck *Straßburg – Marlenheim – Haguenau* wachsen Hopfen und Weißkohl, Obst und Spargel und sogar Tabak (auf rund 250 ha). Die klimatischen Bedingungen sind hier noch günstiger als im übrigen Elsaß. Hübsche Dörfer mit Renaissancegebäuden, Fachwerkhäusern, alten Bauernhöfen. In manchem Speicher werden noch immer die Tabakblätter zum Trocknen aufgehängt.

Besonders reizvoll ist *Brumath*, 17 km nördlich von Straßburg. Der Ort geht auf eine römische Gründung zurück und ist eine der ältesten Siedlungen im Elsaß überhaupt. Die Existenz einer Thermalanlage, mehrerer Tempel und eines Mithrasheiligtums konnte nachgewiesen werden. Im 14. Jh. gab es zwei Schlösser in Brumath, eines davon wurde später zur Kirche umgebaut. Ein Archäologisches Museum ist in dem Schloßbau untergebracht. Gezeigt werden Funde, die vor Ort gemacht wurden. Weitere Exponate dieser Zeit sind in Straßburg im Archäologischen Museum zu besichtigen.

Praktische Hinweise

ⓘ 17, place de la Cathédrale, F-67082 Strasbourg, ☏ 88 52 28 28, FAX 88 52 28 29. Nebenstellen: Place de la Gare, Pont de l'Europe.

✈ Paris.
🚆 Saarbrücken–Kehl.

Stadtrundfahrten: Das Fremdenverkehrsamt veranstaltet allgemeine und themenbezogene Stadtführungen. Außerdem gibt es Rundfahrten mit dem Mini-Train (Abfahrt Place du Château). Ganzjährig finden öffentliche Schiffsrundfahrten statt (Anlegestelle am Château des Rohan, Dauer: 75 Min.), von Mai bis Oktober auch nachts. Mehrstündige Ausflüge führen bis zur Rhein-Staustufe Plobsheim.

ⓘ Beim Office de Tourisme oder beim Touristenservice des Hafens, Port Autonome, 15, rue de Nantes, ☏ 88 84 13 13.

Ⓗ **Hannong,** 15, rue du 22 Novembre, ☏ 88 32 16 22, FAX 88 22 63 87. Zentrales, gut geführtes Hotel mit Stil. $$$
Trois Roses, 7, rue de Zurich, ☏ 88 36 56 95, FAX 88 35 06 14. Günstig gelegener, renovierter Altbau mit Komfort. $$
Gutenberg, 31, rue des Serruriers, ☏ 88 32 17 15, FAX 88 75 76 67. Solide geführtes Haus aus dem 18. Jh. mit Blick auf das Münster. $$

Ⓡ **Le Crocodile,** 10, rue Outre, ☏ 88 32 13 02, FAX 88 75 72 01. Spitzenrestaurant, absolute Topadresse im Elsaß. $$$
Julien, 22, quai des Bateliers, ☏ 88 36 01 50. Fisch und Gemüse frisch vom Markt. $$$
Maison Kammerzell, 16, place Cathédrale, ☏ 88 32 42 14, FAX 88 23 03 92. Bekanntes Restaurant in einem berühmten Fachwerkaus. $$$
Winstub le Clou, 3, rue du Chaudron, ☏ 88 32 11 67. Sorgfältig zubereitete elsässische Spezialitäten im typischen Ambiente. $$

Einkaufen: Rue du Dôme und Rue des Hallebardes sind die Hauptgeschäftsstraßen. Am Quai Kléber liegt das moderne Einkaufszentrum mit fast 37 000 m² Fläche und 130 Läden.

Es versteht sich von selbst, daß rund um die Kathedrale Wein, Gänsestopfleber oder andere Spezialitäten wie Obstbrände deutlich teurer als außerhalb der Innenstadt sind.

Der größte Wochenmarkt findet dienstags und samstags auf dem Boulevard de la Marne im Norden Straßburgs statt; leichter ist der Mittwochs- und Freitagsmarkt auf der Place Ste-Marguerite bei den Ponts Couverts zu erreichen.

Mittwochs und samstags wird auf der Place Gutenberg ein Büchermarkt veranstaltet.

** Colmar

Die Stadt als Museum?

Ist Colmar die schönste Stadt im Elsaß? Wer kann das schon entscheiden? Die ewige Zweite unter den Städten der Region ist einen Umweg wert. Jedenfalls wurde die Altstadt jahrelang Haus für Haus behutsam restauriert. Unter grauen Putzschichten kam wieder das Fachwerk zum Vorschein, und in einem Arbeitsgang wurden die Häuser innen modernen Bedürfnissen angepaßt. Im letzten Akt erklärte man dann noch den Innenstadtbereich für autofrei. Wen beschleicht da nicht hin und wieder das Gefühl, sich in ein überfülltes Freilichtmuseum verirrt zu haben, wenn er sich an einem lauen Sommerwochenende inmitten des buntgemischten Touristenstroms entlang an Kanälen, vorbei an den ausgeputzten anspruchsvollen Kirchen und Verwaltungsgebäuden und gepflegten Bürgerhäusern durch die Altstadtgassen schieben läßt?

Die Stiftskirche Saint-Martin

Buntglasierte Dachpfannen schützen und schmücken das alte Kaufhaus

Doch der touristische Aspekt ist nur eine Seite von Colmar, das immerhin 65 000 Einwohner hat, und mit seinen Randbezirken sogar auf fast 100 000 kommt. Die Hauptstadt des Oberelsaß ist eine bedeutende Verwaltungs- und Dienstleistungsstadt, die auch über größere Industriebetriebe verfügt.

Im Alten Zollhaus der Stadt wurden ein Restaurant und Kongreßzentrum eingerichtet

Geschichte

Der Name der Stadt geht auf das lateinische Columbarium zurück, was wörtlich Taubenhaus bedeutet, sich hier aber wahrscheinlich auf eine Grabstätte mit Urnenfächern bezieht. 823 wurde der Ort urkundlich zum ersten Mal erwähnt. In seiner unmittelbaren Nähe vermutet man jenes Rotfeld, auf dem im Jahre 833 die Schlacht zwischen Kaiser Ludwig dem Frommen und seinen Söhnen ausgetragen wurde. Nachdem die Anhänger des Kaisers zur feindlichen Partei übergelaufen waren, ging der Ort als „Lügenfeld" in die Geschichte ein.

Durch die Staufer erlangte Colmar 1226 den Status einer Freien Reichsstadt, wuchs rasch und wurde im 13. Jh. mit zwei Mauern umgeben. Unter ihrem Schultheißen Johann Roesselmann konnte sich die Stadt erfolgreich gegen den Bischof von Straßburg verteidigen. 1354 zählten ihre Bürger zu den Gründungsmitgliedern des Zehnstädtebundes, der Dekapolis.

Das Mittelalter brachte insgesamt gesehen eine wirtschaftliche und kulturelle Blütezeit: Der Weinhandel florierte. Hier lebten und arbeiteten der Maler Martin Schongauer und der Arzt Paracelsus. Weitgehend unbehelligt konnten die Bürger ihren jeweiligen Glauben praktizieren. 1673 wurde der Ort französisch, wenig später verlegte man den höchsten Gerichtshof des Elsaß, den Conseil Souverain, von Ensisheim nach Colmar, wo er als Cour d'Appel noch heute seinen Sitz hat. Anschließend machte die Französische Revolution die Stadt zur Präfektur des Département Haut-Rhin.

Nach dem Krieg von 1870/71 entwickelte Colmar während der deutschen Besetzung des Elsaß einen ausgeprägten französischen Patriotismus, dessen herausragende Vertreter der Karikaturist Jean-Jacques Waltz, genannt Hansi, und der Bildhauer Frédéric-Auguste Bartholdi waren.

1945 war die *Poche de Colmar,* die „Tasche" rund um die Stadt, die letzte Region, die von der deutschen Wehrmacht verteidigt wurde. Am 2. Februar 1945 rückten dann schließlich die alliierten Soldaten ein und befreiten Colmar.

Stadtbesichtigung

Warum diesen Spaziergang nicht mit dem Besuch eines Museums beginnen? Das ** **Musée d'Unterlinden** ❶ an dem gleichnamigen Platz ist im Besitz großartiger Sammlungen. Den erlesenen Rahmen für die Exponate bildet das ehemalige Dominikanerinnenkloster, das im Mittelalter eines der Zentren der Mystik im Elsaß war. Die einstige Kirche, 1296 geweiht, und der Kreuzgang sind Teil des Museums. Seine Popularität verdankt das Haus, das mit seinen jährlich fast 350 000 verkauften Eintrittskarten das meistbesuchte Provinzmuseum Frankreichs ist, jedoch dem ** *Isenheimer Altar* von Mathis Grünewald. Aber auch andere Altarbilder und Gemälde der umfangreichen Sammlung verdienen Beachtung. Genannt werden soll hier der ebenfalls für die Antoniter in Isenheim 1475 geschaffenen Altar von Martin Schongauer.

Die Abteilung für moderne Kunst zeigt Werke von Renoir, Rouault, Vasarély, Picasso, Braque und Léger. Hinzu kommen Skulpturen des 15. und 16. Jhs., eine archäologische und eine volkskundliche Sammlung.

Altstadt

Der historische Kern von Colmar ist allen Heimsuchungen des Massentourismus zum Trotz ein einmaliges Erlebnis. Dem Reiz eines über Jahrhunderte gewachsenen Stadtbildes können selbst Restaurants, Geschäfte und Souvenirläden nichts anhaben, die sich manchmal allzusehr als Klischee ihrer selbst präsentieren.

Die aufwendig gestaltete Fassade der * **Maison des Têtes** ❷ (Nr. 19 in der gleichnamigen Straße) schmückt sich mit über hundert geschnitzten Masken und Köpfen. Das „Kopfhaus" wurde wahrscheinlich 1609 erbaut und war bereits im vorigen Jahrhundert als Weinhandlung bekannt. Das gleichnamige Restaurant ist durchaus empfehlenswert (s. S. 44).

Die Grundsteinlegung der ***Eglise des Dominicains** ❸ erfolgte 1283. Gegen Mitte des 14. Jhs. war der Sakralbau fertiggestellt. Da sich die Dominikaner als Bettelorden verstanden, fiel der Bau schlicht aus: Schlanke, hohe Rundpfeiler in weitem Abstand voneinander tragen einfach profilierte Spitzbögen, über denen nur ein schmaler Wandabschnitt verbleibt. Die Glasfenster stammen aus der Entstehungszeit.

Größter Schatz der Kirche ist die ** *Madonna im Rosenhag*, ein frühes Werk Martin Schongauers. Das Bild befand sich bis 1973 im Martinsmünster und kam erst nach einem spektakulären Diebstahl in die Dominikanerkirche. Der moderne Rahmen faßt ein um rund 50 cm beschnittenes Bild. Der Künstler hat im Gegensatz zu Grünewald die Madonna mit dem Kind vor dem ins Überirdische weisenden Goldgrund in einem Rosengarten dargestellt.

❶ Musée d'Unterlinden
❷ Maison des Têtes
❸ Eglise des Dominicains
❹ Eglise St-Martin
❺ Musée Bartholdi
❻ Ancienne Douane
❼ Arkadenhaus
❽ St-Matthieu
❾ Krutenau
❿ Musée d'Histoire Naturelle

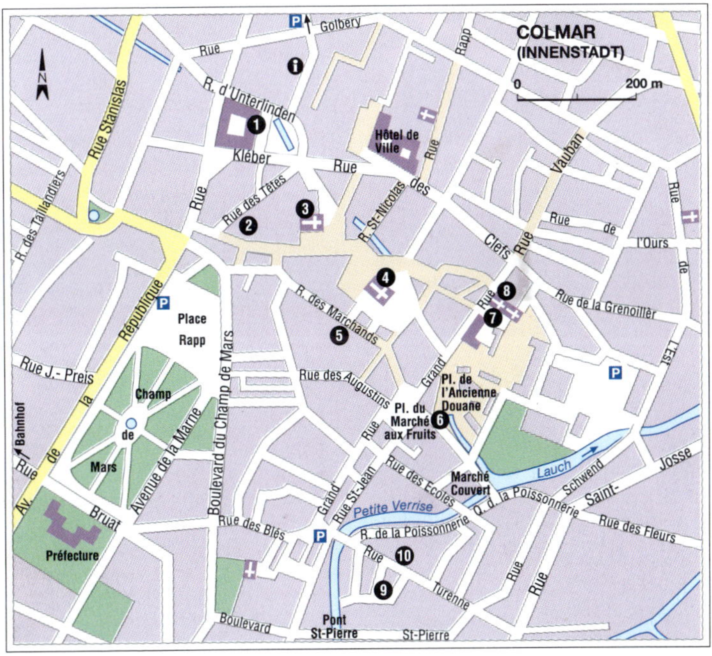

Obwohl die * **Eglise St-Martin** ❹ nur während der Französischen Revolution Bischofssitz war, wird sie von den Einheimischen noch heute als „Kathedrale“ bezeichnet. Sie entstand nach mehreren Vorgängerbauten zwischen dem 13. und 14. Jh. Der weithin sichtbare Turm erhielt seine Renaissancehaube erst 1575. Das Südportal, *Portail St-Nicolas,* zeigt in dem rundbogig abschließenden unteren Tympanon die Nikolauslegende. In dem oberen, später aufgesetzten Spitzbogenfeld ist das Jüngste Gericht dargestellt. Der Innenraum der dreischiffigen Basilika überrascht mit seinem langgestreckten Chor mit Kapellenkranz. Die Kirche besitzt einige interessante mittelalterliche Kunstwerke, darunter kostbare farbintensive Buntglasscheiben aus dem 14. Jh.

Auf der Südseite wird die **Place de la Cathédrale** von einem Ensemble mittelalterlicher Bauten abgeschlossen: rechter Hand die Stadtwache, *Ancien Corps de Garde,* links die *Maison Adolphe,* die das älteste Wohnhaus der Stadt sein soll. Dahinter steht das *Pfisterhaus,* das laut einer Inschrift ein Hutmacher aus Besançon im Jahr 1537 errichten ließ.

An der Einmündung der *Rue Schongauer* fällt der Blick auf zwei weitere Fachwerkhäuser, die beide mit der Familie Schongauer in Verbindung gebracht werden.

In der *Rue des Marchands* Nr. 30 wurde 1834 der Bildhauer Frédéric-Auguste Bartholdi geboren. Wer mehr über den Künstlers erfahren möchte, sollte das **Musée Bartholdi** ❺ besuchen. Einige seiner Arbeiten sind auch auf verschiedenen Plätzen der Stadt zu besichtigen: Auf der Place de l'Ancienne Douane steht das Schwendi-Denkmal, auf der Place des Six Montagnes Noires die Fontaine Roesselmann.

Zu den bekanntesten Werken des Künstlers zählen ohne Zweifel die Freiheitsstatue von New York und der Löwe von Belfort.

Der Isenheimer Altar

Viel ist über das Leben Grünewalds nicht bekannt, der wahrscheinlich als Mate Nedhard um 1460/70 in Würzburg geboren wurde. Fest steht, daß er zwischen 1510 und 1512 vom Abt des Antoniterklosters in Isenheim, das zwischen Colmar und Mulhouse liegt, den Auftrag zu dem großen Flügelaltar erhielt. Kurz zuvor hatte Nikolaus Hagenauer den Altarschrein mit den Heiligen Augustinus, Antonius und Hieronymus geschnitzt. Wird an hohen Feiertagen der Altar geöffnet, zeigen die Flügel links und rechts des Schreins zwei Szenen aus dem Leben des hl. Antonius: die Zwiesprache mit dem hl. Paulus und den Angriff der Dämonen auf den Patron der Antoniter. Auf den übrigen Bildflügeln ist die Heilsgeschichte kontrastreicher und eindringlicher dargestellt als in vergleichbaren Werken der Zeit. Grünewald zeigt die Verkündigung, das Engelskonzert, die Geburt, die Kreuzigung und die Erscheinung Christi. Der verklärte Christus, schwerelos und ganz von Licht durchdrungen, steht in krassem Gegensatz zum menschlichen, entsetzlich leidenden, gekreuzigten Christus, den die Altarflügel in geschlossenem Zustand zeigen. Die Kreuzigungsszene von Grünewald ist keine „historische" und somit leicht zu interpretierende Darstellung im damals üblichen Sinn. Johannes der Täufer wohnt der Szene, die vor ihrem vagen, dunklen Hintergrund nicht klar lokalisiert wird, als Vorläufer Christi bei. Grünewald, dessen eigenwilliger Stil sich sowohl von Italien als auch von den Niederlanden beeinflußt zeigt, fand jedenfalls kaum Nachfolger und hinterließ keine Schule.

In entgegengesetzter Richtung führt die *Rue des Marchands* zur *** Ancienne Douane ❻**, genannt *Koifhüs,* was wiederum in Hochdeutsch mit Altem Kaufhaus übersetzt werden muß. Auffallend ist das Dach, das mit bunten, glasierten Ziegeln gedeckt ist. Der Hauptbau wurde 1480 errichtet. Das Erdgeschoß diente den Kaufleuten als Lager, im Obergeschoß fanden Sitzungen, u. a. des Zehnstädtebundes, statt.

Gemütliche Restaurants an der Lauch

Gegenüber der Ancienne Douane stehen weitere tolle Fachwerkhäuser: Eines davon ist die **Maison au Fer Rouge,** rechts davon steht die **Maison du Pèlerin,** das Haus des Pilgers aus dem Jahr 1571.

Der Isenheimer Alter im Musée d'Unterlinden

Hinter dem Koifhüs fällt der Blick auf das Denkmal für den kaiserlichen General Schwendi, um dessen Gestalt sich eine Geschichte rankt, die sich, obwohl nicht eindeutig belegt, hartnäckig hält. Angeblich soll dieser General im 16. Jh. die Tokayer-Traube aus Ungarn ins Elsaß gebracht haben. Klar ist auf jeden Fall, daß die früher als „Tokay" bezeichnete Pinot-gris-Rebe nicht mit ihrem ungarischen Namensvetter verwandt ist.

Sehenswerte Bauwerke gibt es auch noch an der *Grand' Rue:* Zu nennen ist das **Arkadenhaus ❼** mit seiner Renaissancefassade und die inzwischen protestantische Kirche **St-Matthieu ❽**, der die Dominikanerkirche als Vorbild diente. Sie besitzt wunderschöne Glasfenster aus dem 15. Jh. und eine Silbermann-Orgel.

Blick in die Rue des Marchands

** La Petite Venise

Das „Klein-Venedig" von Colmar ist das Pendant zur Straßburger Petite France. Auch dies wieder ein altes Gerberviertel. Es reicht bis zur Lauch, jenseits des Bachs schließt sich das ehemals befestigte Viertel der Gemüsehändler, **Krutenau ❾**, an. Noch um die

Mitte des vorigen Jahrhunderts befuhren die Bauern mit ihren flachen Kähnen die Lauch und transportierten ihre Ware sowohl zur gerade neu erbauten Markthalle als auch zum *Quai de la Poissonnerie*. In den 60er Jahren unseres Jahrhunderts war das Viertel allerdings so heruntergekommen, daß sogar der Abriß erwogen wurde. Doch aufgrund des Einspruchs von Kulturminister Malraux konnte das Ensemble gerettet und aufwendig restauriert werden. Zur Belohnung gab es die Europäische Goldmedaille für Denkmalschutz.

Heute verraten an manchen Häusern die verglasten Obergeschosse ihre ursprüngliche Funktion als Trockenboden für gegerbte Häute. Die *Lauch* belebt die Szenerie, die blumengeschmückten Fachwerkhäuser am *Quai de la Poissonnerie* strahlen in frischer Farbe. Zu jeder Tageszeit, aber besonders am Abend, wenn die ohnehin malerischen Ecken angestrahlt werden, gehört ein Spaziergang in diesen Gassen zum Schönsten, was Colmar zu bieten hat.

Berühmt ist der Blick vom *Pont St-Pierre*. An der *Rue Turenne*, die früher als Marktplatz diente, liegt das **Musée d'Histoire Naturelle ⑩**. Seine umfangreichen Sammlungen geben interessante Informationen zur regionalen Flora und Fauna, umfassen aber auch eine völkerkundliche und ägyptische Abteilung.

Praktische Hinweise

ℹ 4, rue des Unterlinden,
F-68000 Colmar;
☎ 89 20 68 92, FAX 89 41 34 13.

Ⓗ **Le Maréchal,** 4–6, pl. des Six-Montagnes-Noires, ☎ 89 41 60 32, FAX 89 24 59 40. Spitzenhotel mit tollem Blick auf Petite Venise. $$$
Rapp'Hôtel, 1–5, rue Weinemer, ☎ 89 41 62 10, FAX 89 24 13 58. Modernisiertes altes Hotel mit Schwimmbad und Sauna, vernünftige Preise. $$
Turenne, 10, route de Bâle, ☎ 89 41 12 26, FAX 89 41 27 64. Gepflegtes Haus nahe Petite Venise. $$
La Chaumière, 74, av. de la République, ☎ 89 41 08 99. Preisgünstig, Nähe Bahnhof. $

Ⓡ **Au Fer Rouge,** 52, Grande Rue, ☎ 89 41 37 24, FAX 89 23 82 24. Eine sehr raffinierte Küche. $$$
Maison des Têtes, 19, rue des Têtes, ☎ 89 24 43 43, FAX 89 24 58 34, Spitzenrestaurant in einem Haus aus dem 17. Jh. mit exquisiter Küche. $$
Le Caveau du Vigneron, 5, Grand Rue, ☎ 89 27 06 85. Gemütliches Weinlokal. $$
Caveau St-Pierre, 24, rue de la Herse, ☎ 89 41 99 33. Romantische Lage; bodenständige elsässische Küche. $$
Da Alberto, 24, rue Marchands, ☎ 89 23 37 89. Zu den Spezialitäten des Hauses gehören Trüffelgerichte und das Carpaccio de St-Jacques. $$

Parkplätze befinden sich rund um die Altstadt: Place Rapp, Place Scheurer-Kestner, Place de la Montagne Verte.

Besichtigungen: Für geführte Besichtigungen des Touristenbüros ist man auf Rundfahrten mit einem Mini-Train angewiesen: Zwischen dem 1. April und dem 1. Oktober fahren die Elektrozüge vor dem Musée d'Unterlinden ab.

Märkte: Donnerstags auf der Place de l'Ancienne Douane und Textilien rund um St-Martin.
Bekleidung auch samstagnachmittags vor der Eglise des Dominicains.
Samstagsvormittags Wochenmarkt auf der Place St-Joseph.

Flohmärkte jeden 1. und 3. Freitag des Monats auf der Place de l'Ancienne Douane.
Es empfiehlt sich, Wein, Obstbrände und Gänseleber preisgünstiger in den Orten an der Weinstraße einzukaufen.

Feste und Veranstaltungen: Von Mai bis August finden jeden Dienstagabend Folkoreveranstaltungen vor der Ancienne Douane statt (s. S. 43).

** Nancy

Die Stadt mit den goldenen Toren

Nancy, das unter dem entthronten polnischen König Stanislas Leszczynski zu einer glanzvollen Residenz ausgebaut wurde, besitzt eine der schönsten Innenstädte Europas. Besonders nachts, wenn die vergoldeten Gitter rund um die Place Stanislas im künstlichen Licht funkeln und die Altstadt beleuchtet ist, erstrahlt Nancy in seiner alten Pracht.

Blick von der wunderschönen Place Stanislas auf die Cathédrale Notre-Dame

Geschichte

Nancy ist eine vergleichsweise junge Stadt: Ein merowingischer Friedhof konnte unweit des Platzes nachgewiesen werden, wo der Herzog von Oberlothringen im 11. Jh. eine Burg errichten ließ. Der Siedlung, die sich in der Folgezeit entwickelte, wurden 1266 die Stadtrechte verliehen. 1475 eroberte Karl der Kühne von Burgund Lothringen und Nancy, doch wurde sein Heer zwei Jahre später in der *Schlacht von Nancy* vernichtend geschlagen, der Herzog selbst getötet. Für die Stadt begann nun eine Blütezeit: Aus den drei Bischofsstädten Metz, Toul und Verdun verlagerte sich das Machtzentrum nach Nancy, das dann lange unangefochten die Nummer eins war. Neben der Altentstand eine Neustadt mit geraden, planmäßig angelegten Straßenzügen. Noch blieben diese Teile allerdings unverbunden, wobei nicht zuletzt militärische Erwägungen eine Rolle spielten.

Erst der polnische Exkönig Stanislas Leszczynski, der Lothringen als Lehen auf Lebenszeit von seinem Schwiegervater Louis XV erhielt, schaffte eine Verbindung zwischen beiden Stadthälften.

Öffnungszeiten

Musée Historique Lorrain, Palais Ducal: ◷ Mai bis Sept. tgl. außer Di 10–18, sonst 10–12 und 14–17, So bis 18 Uhr.

Couvent des Cordeliers/Musée des Arts et Traditions populaires, neben dem Palais Ducal: ◷ wie Musée Lorrain, aber Mo geschl., Di geöffnet.

Musée des Beaux-Arts, 3, pl. Stanislas: ◷ tgl. außer Mo früh und Di 10.30–18 Uhr.

Musée de l'Ecole de Nancy, 36, rue du Sergent-Blandan, östlich vom Stadtzentrum: ◷ tgl. außer Di 10–12 und 14–18 Uhr, Okt. bis März bis 17 Uhr.

Musée de l'Histoire du Fer, Av. du Général-de-Gaulle im Vorort Jarville-la-Malgrange: ◷ tgl. außer Di 14–17/18 im Sommer, Sa, So und feiertags auch 10–12 Uhr.

Unter seiner Herrschaft entstand im wesentlichen das heutige Zentrum von Nancy. Seiner Bauleidenschaft verdankt die Stadt mit der Place Stanislas einen der schönsten Plätze Europas.

Nach 1871 wuchs Nancy rapide durch Flüchtlinge aus dem deutsch gewordenen Teil Lothringens. Um 1900 machte die Stadt erneut von sich reden. Begünstigt durch die nahe Glas- und Metallindustrie entstand hier eine der bedeutendsten Schulen des *Art Nouveau,* des französischen Jugendstils.

In der Umgebung spielen der Salzabbau und die eisenverarbeitende Industrie noch heute eine Rolle. Der Tourismus, die Universität und mehrere Fachschulen machen Nancy mit fast 100 000 Einwohnern (mit Vororten 310 000) zum lebendigen Zentrum Lothringens.

Stadtbesichtigung

Platzanlagen. Das Zentrum schmückt sich mit einer Abfolge pompöser Plätze, die auf Veranlassung von Stanislas zwischen 1751 und 1760 von seinem Architekten Emmanuel Héré gestaltet wurden. Ausgangspunkt ist die **Place de la Carrière,** an die sich die ovale **Place Hémicycle du Général-de-Gaulle** anschließt. Der Stadtplaner wollte mit diesem Ensemble einen fließenden Übergang von der im Norden gelegenen mittelalterlichen Altstadt mit der südlich der *Place Stanislas* gelegenen Neustadt schaffen.

Die *** **Place Stanislas** ❶ wurde ursprünglich als Place Royale mit einer Statue Louis' XV in der Mitte angelegt. „Königliche Plätze" existierten in Paris und in mehreren Provinzstädten. Sie stellen immer eine Huldigung gegenüber dem französischen Herrscher dar. Erst seit 1831 ziert das Denkmal von Stanislas selbst den Platz.

Das Gebäude auf der Südseite hat seine ursprüngliche Funktion als *Hôtel de Ville* bis heute bewahrt. Das Rathaus ist drei Geschosse hoch und durch Risalite gegliedert. Der Dreiecksgiebel in der Mitte zeigt das Wappen der Familie Leszczynski. Teile der Innenausstattung blieben erhalten, darunter ein 25 m langes Treppengeländer von Jean Lamour, dessen Handlauf aus einem einzigen Stück gearbeitet ist. Die Bauten auf der Ost- und Westseite folgen dem architektonischen Vorbild des Rathauses. Die Nordseite schließen zwei einstöckige Pavillons und zwei Brunnen ab. Einen maßgeblichen Akzent bilden die schmiedeeisernen Gitter des Kunstschmiedes Jean Lamour, die dem Platz gleichzeitig etwas Offenes und Abgeschlossenes geben.

Der Triumphbogen – abermals für Louis XV errichtet und einem antiken römischen Vorbild nachempfunden – leitet über zur **Place de la Carrière** ❷. Héré bezog diesen ehemaligen Turnierplatz geschickt in seine Anlage mit ein. Den Abschluß der schmalen Anlage bildet die ovale *Place Hémicycle du Général-de-Gaulle* mit dem ehemaligen Gouvernementspalais, dem Sitz des Vertreters des französischen Königs in Nancy, der sein eigenes Gebäude als Pendant zum Rathaus verstanden wissen wollte.

Rechter Hand gelangt man in den **Parc de la Pépinière,** dessen Konzeption auch von Stanislas beeinflußt wurde. Der Park, der Öffentlichkeit seit 1765 zugänglich, wurde in einen englischen Garten umgewandelt und ist eine herrliche grüne Oase im Innenstadtbereich. Hier steht unter anderem die von Auguste Rodin geschaffene Statue des Malers Claude Lorrain.

Auf der anderen Seite grenzt die Altstadt an die Kolonnaden. Da Nancy mehrfach von Kriegszerstörungen betroffen war, stammen die erhaltenen Gebäude zumeist aus der Renaissance, in seltenen Fällen aus dem Mittelalter. Die große Kirche **St-Epvre** ❸ wurde zwischen 1865 und 1871 in neugotischem Stil errichtet.

Der ehemalige Herzogspalast * **Palais Ducal** ❹ wurde Anfang des 16. Jhs. von

Herzog Anton von Lothringen anstelle der alten Residenz erbaut. Sie stand hier seit dem späten 13. Jh., wurde jedoch im Krieg gegen Karl den Kühnen in Mitleidenschaft gezogen. Da Stanislas den Palast nicht nutzte, übergab er ihn 1739 der Stadt. Die * *Porterie,* der Eingangsbereich mit dem Reiterstandbild des Herzogs, orientiert sich am königlichen Schloß von Blois an der Loire. Sie entstand 1511 und 1512 und zeigt noch einen gotischen Aufbau, der jedoch bereits mit Renaissanceformen gefüllt ist.

Im vorigen Jahrhundert zog in das Palais Ducal das ** **Musée Historique Lorrain** ein. Die Sammlungen geben einen umfassenden Einblick in die Geschichte Lothringens. Die Exponate im

Auch die Oper steht an der Place Stanislas

1. Place Stanislas
2. Place de la Carrière
3. St-Epvre
4. Palais Ducal
5. Couvent des Cordeliers
6. Porte de la Craffe
7. Maison Adam
8. Cathédrale Notre-Dame

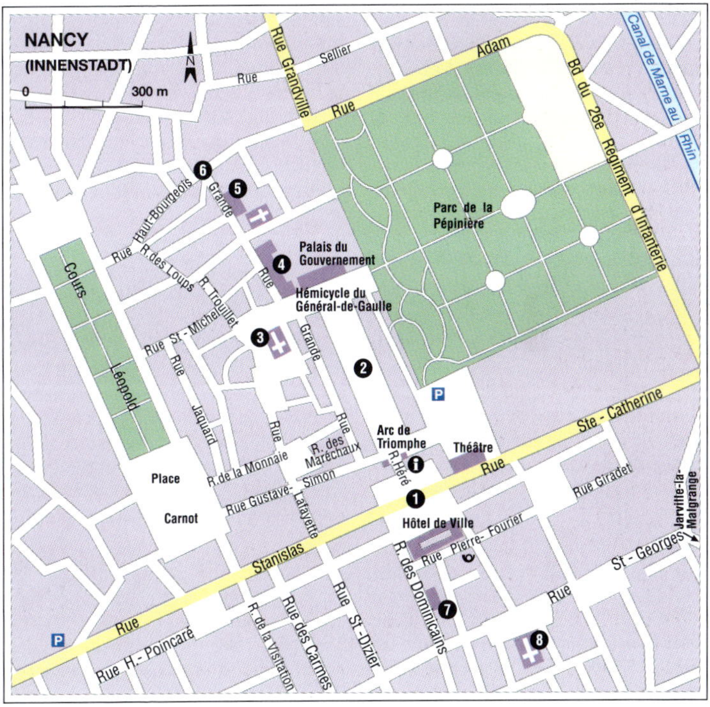

ehemaligen Festsaal, der 55 m langen *Galerie des Cerfs,* beschäftigen sich mit dem Herrscherhaus, daneben gibt es umfangreiche prähistorische und antike Funde zu sehen, Kunst und Kunsthandwerk verschiedener Epochen und ein spezielles *Apothekenmuseum.*

Herzog René II siedelte die Franziskanermönche direkt neben seinem Palais im *__Couvent des Cordeliers__ ❺ an. Zwischen 1485 und 1487 errichtete der Orden diesen einzigen noch erhaltenen gotischen Sakralbau der Bettelmönche in der Stadt, den René II zur herzoglichen Grablege erklärte. 1607 wurde die *Chapelle Ducale,* die Herzogliche Kapelle, links des Chors hinzugefügt, die sich bis heute im Besitz des Hauses Habsburg-Lothringen befindet.

Die Grabmäler fanden inzwischen im Langhaus der Kirche Aufstellung. Herausragend ist die Grabfigur der Philippa von Geldern, der zweiten Frau des Herzogs René II, die 1547 als Klarissin in Pont-à-Mousson gestorben war. Die Tumbafigur stammt von dem lothringischen Bildhauer Richier Ligier. Er schuf auch das Doppelgrabmal des René de Beauvau und seiner Frau in einer der Seitenkapellen. Die restlichen Gebäude des ehemaligen Klosters werden als Dependance des *Musée Régional des Arts et Traditions Populaires,* eines Museums zur regionalen Volkskunde, genutzt.

Als einziges noch erhaltenes mittelalterliches Stadttor bildet die *__Porte de la Craffe__ ❻ den Abschluß der *Grande Rue.* In der zweiten Hälfte des 15. Jhs. wurde der Schutzwall mit den beiden mächtigen Rundtürmen verstärkt. Das Lothringer Kreuz im Bogenfeld ist eine Zutat des vorigen Jahrhunderts.

Das **Musée des Beaux-Arts** an der Place Stanislas (Nr. 3) ist ein Kunstmuseum mit Tradition. Die Gemäldesammlung zeigt ein breites Spektrum von Werken des 14. bis 20. Jhs., wobei besonders Frankreich und Arbeiten bekannter Maler der europäischen Nachbarländer vertreten sind.

Für den Rückweg zur *Place Stanislas* bieten sich die linker Hand gelegenen Gassen und Straßen wie die *Rue Haut-Bourgeois, Rue des Loups* und die *Rue Trouillet* mit ihren fotogenen alten Häusern an.

Die Neustadt

Südlich der Place Stanislas erstreckt sich die Neustadt, die Herzog Karl III. Mitte des 16. Jhs. von Girolamo Citoni anlegen ließ. In der *Rue des Dominicains* (Nr. 57) steht die wirklich sehenswerte **Maison Adam** ❼. Das Haus gehörte der Bildhauerfamilie Adam; für die Gestaltung der Fassade zeichnete Jacob-Sigisbert verantwortlich. Er entwarf diesen Fries mit den Tierallegorien der vier Weltteile.

Die Kathedrale **Notre-Dame** ❽ wurde zwischen 1703 und 1742 errichtet. An der Planung des Sakralbaus waren auch Jules Hardouin-Mansart und sein Schüler Germain Boffrand beteiligt. Hinter einer monumentalen Fassade, die mit ihrer Umgebung ein reizvolles Ensemble bildet, verbirgt sich eine dreischiffige Säulenbasilika mit Seitenkapellen und Querhaus. Prunkstück des Kirchenschatzes ist neben kostbaren Goldschmiedearbeiten das Evangeliar des hl. Gauzelin.

Südöstlich des Zentrums, *Avenue de Strasbourg* in Richtung *St-Nicolas-du-Port,* steht die Kirche **Notre-Dame-du-Bon-Secours.** Den Vorgängerbau, die sog. Burgunderkapelle, ließ Herzog René II für die in der Schlacht um Nancy gefallenen Burgunder errichten. Stanislas gab schließlich den Auftrag zum Abriß. Im gleichen Atemzug erteilte er den Auftrag zum Bau einer Grabkapelle für sich und seine Frau Katharina Opalinska.

Für die Entwürfe zeichnete abermals Emmanuel Héré verantwortlich. Im Chor liegen die beiden Gräber des ehemaligen polnischen Herrscherpaares. Die spätgotische Madonnenfigur „Zur guten Hilfe" war zeitweise Ziel einer Wallfahrt.

Praktische Hinweise

ⓘ 14, pl. Stanislas, F-54000 Nancy, ☎ 83 35 22 41, FAX 83 37 63 07.

Ⓗ **Grand Hôtel de la Reine,** 2, pl. Stanislas, ☎ 83 35 03 01, FAX 83 32 86 04. Ein Luxushotel, bei der die Lage für sich spricht. $$$
Carnot, 2–4, cours Léopold, ☎ 83 36 59 58, FAX 83 37 00 19. $$
Académie, 7bis, rue des Michottes, ☎ 83 35 52 31, FAX 83 32 55 78. Einfaches Hotel. $

Ⓡ In der Rue des Maréchaux reiht sich ein Restaurant an das andere. Aber auch rund um den Marché Couvert liegen einige kleine gemütliche Lokale.
Bistro Lorrain, 29, rue Stanislas, ☎ 83 30 41 44. $$
Taverne d'Arbois, 1, rue Lafayette, ☎ 83 32 39 30. $$

Einkaufen: Die Markthalle in der Rue St-Dizier hat tgl. außer So geöffnet.
Berühmt sind Nancys Süßigkeiten: *Macarons* oder *Duchesses de Lorraine* sind eine Art Mandelpralinen, begehrt sind auch die Bonbons *Bergamottes de Nancy.*

Die Porte de la Craffe ist Teil der alten Stadtbefestigung

Auch dieses Straßencafé liegt an der Place Stanislas

Die Ecole de Nancy

Der Jugendstil, in Frankreich als *Art Nouveau,* „Neue Kunst", bezeichnet, entstand um 1895 in mehreren europäischen Ländern als Gegenbewegung zum Historismus. In Nancy fanden die Künstler dank der nahegelegenen Eisenindustrie und zahlreichen Glashütten optimale Arbeitsbedingungen bei der Umsetzung ihrer Entwürfe. 1901 gründete Emile Gallé eine Vereinigung, die eine umfassende künstlerische, ästhetisch ansprechende Gestaltung der Gebrauchsgegenstände propagierte. So entstand die *Ecole de Nancy,* die Schule von Nancy, die die Stadt zu einem der bedeutendsten Zentren des Jugendstils in Frankreich machte. Ihr gehörten unter anderen die Glaskünstler Antonin Daum und Jacques Gruber, der Kunsttischler Louis Majorelle sowie die Architekten Emile André und Henri Gutton an. Ihre Arbeiten sind im * **Musée de l'Ecole de Nancy** in einer Jugendstilvilla im passenden Rahmen zu sehen. Außerdem zeigt das Museum Möbel von Hector Guimard.

Im Touristenbüro gibt es ein Faltblatt zum Thema Jugendstil in Nancy. Beschrieben wird ein Weg, der an allen noch erhaltenen Jugendstilhäusern der Stadt vorbeiführt.

** Metz

Die alte, neue Hauptstadt

Metz liegt von seiner Kathedrale überragt auf einem Hügel an der Mündung der Seille in die Mosel. Die Hauptstadt der Region Lothringen ist mit ihren rund 125 000 Einwohnern größer als Nancy. Sie macht einen liebenswerten, leicht provinziellen Eindruck und besitzt manchen reizvollen Winkel, sei es an den Flußufern, auf Brücken oder an der Esplanade, einer großen Grünanlage. Der Dichter Paul Verlaine wurde hier geboren, und viel später lebte im Vorort Scy-Chazelles der Europapolitiker Robert Schumann.

Geschichte

Julius Cäsar eroberte das keltische Divodurum im Jahre 52 v. Chr. Hier kreuzten sich die Nord-Süd-Verbindung Trier–Lyon und die Ost-West-Strecke Straßburg–Soissons. Rund 40 000 Einwohner sollen bereits im 4./5. Jh. gezählt worden sein. Mit 25 000 Sitzplätzen stand hier eines der größten Amphitheater Galliens. 275 wurde die Stadt Bischofssitz und im 6. Jh. Hauptstadt des merowingischen Königreichs Austrasien.

Im Mittelalter änderte sich zunächst wenig an der führenden Rolle von Metz, das zeitweise nach Köln die zweitgrößte Stadt im Heiligen Römischen Reich Deutscher Nation war. Seit dem 12. Jh. beschnitt die selbstbewußte Bürgerschaft der Freien Reichsstadt die Macht der Bischöfe, die zunächst ihren Wohnsitz, dann auch ihre offizielle Residenz nach Vic-sur-Seille verlegen mußten.

Von 1234 bis 1552 waren Metz und das umliegende Pays Messin eine von wenigen Familien beherrschte Stadtrepublik. Im Verlauf des Dreißigjährigen Krieges wurde die Stadt von den französischen Truppen eingenommen und später auch formal dem Sieger zugesprochen. Sie wurde in den östlichen Festungsgürtel Frankreichs einbezogen und von Vauban, dem Militärbaumeister des Sonnenkönigs Louis XIV, ab 1670 zur Grenzbastion ausgebaut.

Zweihundert Jahre später, nach der Annexion des Elsaß und Teilen Lothringens, nutzten die Deutschen die Befestigung und bauten sie sogar noch erheblich aus.

Von Kaiser Wilhelm II. begünstigt, erlebte Metz einen wirtschaftlichen Aufschwung, die Eisenerzförderung im Pays Messin lief auf Hochtouren. Die rasante Entwicklung spiegelt sich im Stadtbild wider, am deutlichsten im Bahnhofsviertel: 1898 wurden die Stadtmauern abgerissen und an ihrer Stelle breite Boulevards angelegt, flankiert von den typischen Gründerzeitbauten, denen allerdings einiges an älterer Bausubstanz zum Opfer fiel.

Seit 1944 endgültig französisch, ist Metz heute eine moderne Universitätsstadt. Unternehmen der Elektro- und Kommunikationsindustrie fanden hier ihren Standort: In einem 400 ha großen Technologiepark wurde ein Handels- und Kongreßzentrum gebaut.

Stadtbesichtigung

Das historische Zentrum erstreckt sich zwischen der Mosel und der Seille und wird im Süden in etwa durch die *Avenue Joffre* und die *Avenue Foch* begrenzt.

** **Cathédrale St-Etienne** ❶. Die Stephanuskathedrale erhebt sich über den Grundmauern mehrerer Vorgängerbauten, darunter eine 1040 geweihte Bischofskirche. Sie stand neben einem kleineren, der Muttergottes geweihten Zentralbau, der aber zu einem anderen Domkapitel gehörte. Gegen 1220 fanden die beiden Besitzer immerhin zu einer Kompromißlösung, die zur Vereinigung ihrer Kirchen unter einem einzigen Dach führte. Lediglich im Innenraum sollte auch in Zukunft eine trennende Wand bestehen bleiben. Doch zunächst kamen die Arbeiten nicht voran. Erst während der zweiten Jahrhunderthälfte konnte mit dem Bau des Langhauses der Kathedrale und mit dem Chor der Marienkirche begonnen werden.

Im Laufe des 14. Jhs. wurde schließlich am Langhaus weitergebaut, verschwand die Trennwand zwischen der Marien- und der Stephanuskirche. Aber erst nach dem Abriß des Ostteils und der Fertigstellung des spätgotischen Querhauses sowie des Umgangschors konnte 1546 die Gesamtweihe des Sakralbaus stattfinden.

Das Äußere: Der schönste Blick auf St-Etienne bietet sich zweifellos von der Moselbrücke. Von diesem Standpunkt aus präsentiert sich am eindrucksvollsten die geschlossene Wucht des Baukörpers, dessen Türme nur noch eine untergeordnete Rolle spielen, zumal sie durch besagte Veränderungen nicht mehr dort stehen, wo sie üblicherweise plaziert wurden.

Die Westtürme der ersten Bischofskirche standen an ihrem westlichen Ende, doch rutschten sie nun auf Höhe des vierten Joches des Gesamtbaus, also fast in die Mitte des Langhauses. Außerdem wurden im vorigen Jahrhundert die Dächer um 4,50 m erhöht, wodurch diese Türme noch kürzer wirken. Vom originalen Skulpturenschmuck blieb nur wenig erhalten.

Die Westfassade wurde nach einer ersten Umgestaltung im 18. Jh. dann im 19. Jh. abermals, nun in neugotischem Stil, erneuert. Auf der rechten Seite schließt sich der *Portail de la Vierge*, der stadtseitige Zugang zur Marienkirche an. Das Portal besitzt noch ein Tympanon mit einer Darstellung von Marientod und -krönung aus der ersten Hälfte des 13. Jhs. Am ursprünglichen Hauptportal der Marienkirche, nun

Die Westfassade der Kathedrale

Diese Fenster schuf Marc Chagall für St-Etienne

Öffnungszeiten

Cathédrale St-Etienne: 🕓 9–12 und 14–18 Uhr (Juli und Aug. bis 18.30 Uhr), im Winter bis 17 Uhr. Besonders eindrucksvoll sind nächtliche Turmbesteigungen, die im Sommer angeboten werden. ☎ 87 75 54 61.

Musée d'Art et d'Histoire: 🕓 tgl. von 10–12 und 14–18 Uhr, von Okt. bis März bis 17 Uhr.

St-Pierre-aux-Nonnains: 🕓 Okt. bis März 14–17 Uhr.

zweites Langhausjoch an der Nordseite, blieben Sockelreliefs aus dem letzten Viertel des 13. Jhs. erhalten.

Das Innere: Höhe und Weite des Innenraums begeistern. Fast 42 m Scheitelhöhe mißt das Mittelschiff, ihr entspricht eine Breite von 13,5 m bei einer Gesamtlänge des Baues von 123 m. Diese Maße sind zwar gewaltig, doch für die Gotik ja nicht völlig ungewöhnlich. In Metz wird der Eindruck grenzenlosen Emporstrebens des Mittelschiffs allerdings noch durch relativ niedrige Seitenschiffe und extrem hohe Obergadenfenster verstärkt. Außerdem faszinieren die riesigen Glasflächen der Kathedrale. In kaum einer anderen Kirche sind die Wandflächen so konsequent in Buntglasscheiben aufgelöst wie hier. Die unterschiedlichen Bauetappen und die „Naht" zwischen Marien- und Stephanuskirche sind noch gut zu erkennen. Die ersten drei Joche besitzen Rundpfeiler, die folgenden ruhen auf Säulen, die wiederum von Pfeilern umstellt sind. Im spätgotischen Chor fallen die Bündelpfeiler ins Auge. Der Wandaufbau ist dreigeschossig: Arkaden, verglastes Triforium und die bereits erwähnten hohen Obergadenfenster.

Von überragender Bedeutung sind die ***Fenster* der Kathedrale. Die ältesten Scheiben entstanden im 13. Jh., wie z. B. die an der Nordseite des Südquerhauses.

Die Westrose schuf 1384 Hermann von Münster. In den Querhausarmen arbeiteten wiederum an der Nordseite 1504 Theobald von Lixheim, der sich als Mitarbeiter von Peter Hemmel aus Andlau einen Namen gemacht hatte, und 1520 an der Südseite der Straßburger Valentin Busch, dessen Arbeiten bereits der Renaissance angehören.

Berühmte Künstler des 20. Jhs. setzten die Tradition fort: 1957 stattete Jacques Villon die Bischofskapelle mit neuen Scheiben aus, Werke von Marc Chagall sind im Chorumgang und im Nordquerhaus zu finden.

Die *Krypta* stammt teilweise noch vom ottonischen Vorgängerbau. Sie wird heute als Museum (Architekturfragmente, Stadtansichten, eine Grablegung des 16. Jhs.) genutzt. Zu den Kostbarkeiten des **Kirchenschatzes* gehören ein kleiner Tragaltar, Bischofsstäbe und Ornate, außerdem einen Ring des heiligen Bischofs Arnoult.

Von den vier Türmen bietet sich die *Tour de Mutte* als Aussichtsplattform an.

Der Kathedralbezirk wurde seit 1754 nach Plänen von Jacques-François Blondel im Sinne einer Barockanlage umgestaltet. Im Verlauf der Arbeiten fielen mehrere zur Kathedrale gehörende Häuser, darunter der Kreuzgang und der Bischofspalast, der Spitzhacke zum Opfer. Zu den Neubauten jener Zeit zählt das **Hôtel de Ville** auf der Südostseite der *Place d'Armes;* es entstand nach 1764.

****Musée d'Art et d'Histoire** ❷. Das Museum ist für seine umfangreichen Sammlungen der archäologischen Abteilungen bekannt. Zur Bedeutung der Objekte selbst kommen eine moderne Präsentationsweise und ein eindrucksvoller Rahmen. Nicht zuletzt bezieht dieses Museum seinen besonderen Reiz aus seiner Unterbringung im ehemaligen Karmeliterkloster, dem Ort der antiken Thermen.

Um die Reste der Thermen sind Objekte aus dem römischen Alltagsleben gruppiert, die beim Laien eine Annäherung an diese Epoche ermöglichen.

Aus dem Frühmittelalter stammen die **Chorschranken* aus St-Pierre-aux-Nonnains mit 34 in flachem Relief skulptierten Steintafeln. Ansonsten wurden aus dem ganzen Bistum Skulpturen und Architekturfragmente für dieses Museum zusammengetragen.

Die Gemäldegalerie besitzt neben einigen interessanten Herrscherbildnissen Werke von Mantegna, Correggio, Jan Polack, Zurbarán und van Dyck. Das 19. und 20. Jh. sind ebenfalls gut vertreten.

Südlich der Kathedrale liegt in Moselnähe auf dem Gebiet der einstigen Zitadelle die weitläufige Grünanlage **Esplanade.**

Zu den auffallenden repräsentativen Zweckbauten ihrer Umgebung gehören das **Palais de Justice ❸**, das 1776 als Gouverneurssitz errichtet wurde, sowie das von dem Katalanen Ricardo Bofill in Zusammenarbeit mit einheimischen Architekten zum Musikzentrum umgebaute **Arsenal ❹**.

Porte des Allemands

❶ Cathédrale St-Etienne
❷ Musée d'Art et d'Histoire
❸ Palais de Justice
❹ Arsenal
❺ St-Pierre-aux-Nonnains
❻ Notre-Dame-de-l'Assomption
❼ St-Maximin
❽ Porte des Allemands

* **St-Pierre-aux-Nonnains ❺**. Der derzeit älteste Sakralbau Frankreichs hat eine spannende baugeschichtliche Vergangenheit. Nachweislich errichtete man um das Jahr 310 an dieser Stelle eine Halle, die Ähnlichkeiten mit der bekannten Basilika in Trier besitzt.

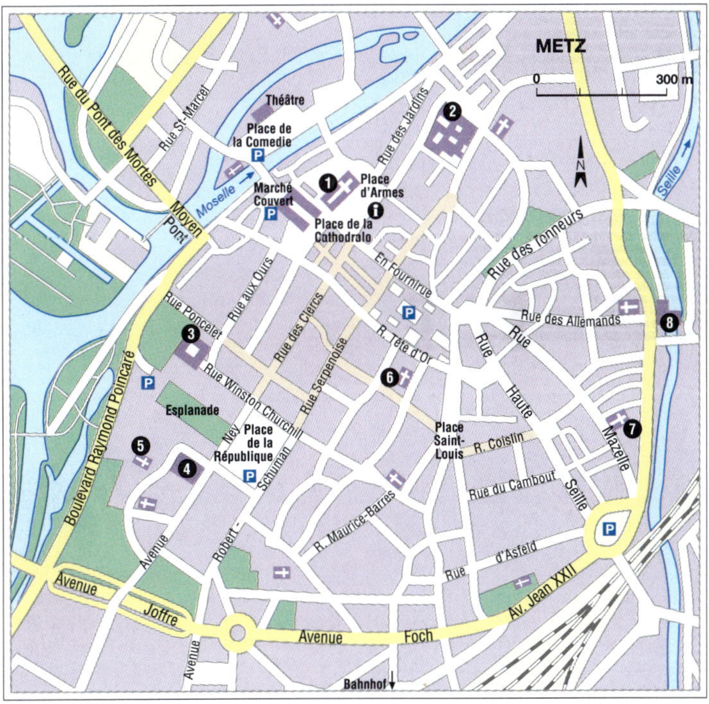

Wahrscheinlich diente der Bau Verwaltungszwecken. Erst in der zweiten Hälfte des 6. Jhs. wurde die Apsis abgerissen, das Gebäude zur Kirche eines Frauenklosters umfunktioniert. Dabei wurden auch die Chorschranken eingebaut, die sich heute im Museum befinden. Um das Jahr 1000 wurde die Kirche in drei Schiffe unterteilt und erhielt die Vorhalle. Zur Zeit der Spätgotik wurden Gewölbe eingezogen und ein Kreuzgang gebaut, der noch teilweise erhalten ist. Bei der Errichtung der neuen Zitadelle stand dann die Kirche im Weg, die bereits während der Belagerung durch die Truppen Karls V. gelitten hatte und seither nicht mehr genutzt wurde. Schließlich diente sie während des Krieges von 1870/71 dem Militär als Brieftaubenschlag.

An das benachbarte Arsenal grenzt die kleine *Chapelle des Templiers,* die leider nicht besichtigt werden kann. Die Kapelle, ein achtseitiger Zentralbau, wurde um 1200 errichtet und ist der einzige Rest eines Klosters des Templerordens. Wahrscheinlich folgt der Bau dem Vorbild der Templerkirche in Laon.

Der Weg von der Mosel zur Seille verläuft fast automatisch an der ehemaligen Jesuitenkirche **Notre-Dame-de-l'Assomption ❻**, dem ersten Barockbau in Metz, vorbei. Die Pläne stammten von einem Ordensbruder. Die Barockorgel der heutigen Pfarrkirche wurde für eine Kirche in Trier gebaut. Die nahgelegene **Place St-Louis** ist von alten Häusern mit schützenden Laubengängen umstellt. Einen Besuch verdient auch die Kirche * **St-Maximin ❼**, die mitten im Häusergewirr unweit der Seille steht. Immer wieder wurde an dem Sakralbau gearbeitet, dessen erste urkundliche Erwähnung ins 10. Jh. zurückgeht. Im wesentlichen bestimmt die Gotik das Aussehen der Kirche, ihren romanischen Kern kann sie dennoch nicht verleugnen. Sehenswert ist die spätgotische Kapelle der Familie Gournay. Die Entwürfe der Chorfenster stammen von Jean Cocteau.

* **Porte des Allemands ❽**. Das Doppeltor dies- und jenseits der Seille geht auf eine Niederlassung des Deutschen Ordens zurück. Das innere Tor mit den spitzen Dächern entstand im 13. Jh. Eine befestigte Brücke verbindet es erst seit dem 16. Jh. mit den beiden mächtigen äußeren Türmen.

Der **Parc Walibi Schtroumpf,** ein Schlumpf-Freizeitpark einige Kilometer nördlich von Metz, erfreut sich natürlich großer Beliebtheit bei Kindern.

ℹ Voie Romaine, F-57210 Maizières-lès-Metz, ☎ 87 51 73 90,
FAX 87 51 71 15.

Praktische Hinweise

ℹ Office de Tourisme, Place d'Armes, F-57007 Metz, ☎ 87 55 53 77,
FAX 87 36 59 43.

🚆 Saarbrücken, Nancy, Straßburg.

Ⓗ **Le Théâtre,** 3, rue du Port St-Marcel, ☎ 87 31 10 10,
FAX 87 30 04 66. Modernes Haus mit allem Komfort. ($))
Foch, 8, av. Foch, ☎ 87 74 40 75,
FAX 87 74 49 90. Freundlicher Service, preisgünstig. ($)
France, 25, pl. de Chambre,
☎ 87 75 00 02. Renovierter Altbau. ($)

Ⓡ Im Stadtzentrum, zwischen Kathedrale und dem Ufer der Mosel drängen sich Restaurants jeder Kategorie. Entdeckungen sind im Viertel zwischen Place St-Louis und Porte des Allemands möglich.
La Gargouille, 29, pl. de Chambre,
☎ 87 36 65 77. Gute Regionalküche. ($)

Einkaufen: In der Markthalle, *Marché Couvert,* neben der Kathedrale bieten die Bauern der Umgebung täglich ihre frische Ware an.
Für den Kauf regionaler Spezialitäten empfehlen sich die Galeries Gourmandes an der Place de la République.
Jeden ersten und dritten Samstag im Monat ist im *Foire Internationale de Metz* ein großer Flohmarkt.

Route 1

1

Seite 61

Fachwerk, Wein und Sauerkraut

Die **elsässische Weinstraße (143 km)

Entspricht hier nicht wirklich alles einem allzu perfekten und allzu gut verkäuflichen Elsaß-Klischee? Kilometer um Kilometer reihen sich entlang der **Route du Vin die puppenstubenartigen Fachwerkdörfer mit „Winstubn" im Sauerkrautduft. Aber trotz allen Touristenrummels bleiben die unübersehbaren Reize der Gegend: Tatsächlich sind die Fachwerkensembles von einer beeindruckenden Größe und Geschlossenheit, die Lage der Dörfer am Vogesenhang ist wirklich malerisch, und manche Kirchen sind schlicht überragende Meisterwerke. Also gilt es ein bißchen auszuweichen. Wer die Highlights nicht gerade an Wochenenden aufsucht und sich ein wenig abseits der ausgeschilderten Route bewegt, findct crhcblich mehr Ruhe. Eine andere Möglichkeit, dem Trubel zumindest zeitweise zu entgehen, verspricht eine mehrtägige Fahrrad- oder Wandertour wiederum im gebührenden Abstand zur Autopiste; eine Alternative, die aufgrund der geringen Entfernungen von Sehenswürdigkeit zu Sehenswürdigkeit durchaus empfehlenswert ist.

Sauerkraut – la choucroute – steht im gesamten Elsaß auf der Speisekarte

Die elsässische Weinstraße beginnt nach Straßburg beim Winzerdorf *Marlenheim* und endet bei Thann im Süden. **Avolsheim** (500 Einw.) bietet sich für den ersten längeren Halt an. Südlich des Dorfes

Die mächtige Jesuitenkirche von Molsheim

1

Seite 61

steht, inmitten eines Friedhofs unter der 1000jährigen Linde, die dreischiffige Basilika *Dompeter*. Die wichtigsten Daten im Telegrammstil: Vermutlich begann man Anfang des 11. Jhs. mit den Bauarbeiten; 1049 weihte Papst Leo IX. die Kirche. Ein karolingischer Vorgängerbau konnte nachgewiesen werden, von dem vielleicht Reste in der Hauptapsis erhalten sind. Der mächtige Westturm wurde erst im 18. Jh. wieder aufgebaut.

Im Dorf selbst lohnt sich die Besichtigung der *Chapelle St-Ulrich*, die neben der neoromanischen Kirche steht. Der kleine Zentralbau, der vielleicht als Taufkirche errichtet worden war, geht vermutlich auf das Jahr 1000 zurück. Außen wurde er mehrfach verändert, aber im Inneren blieben romanische Wandmalereien erhalten, deren Szenen von Kunsthistorikern noch immer nicht eindeutig zugeordnet werden konnten. In einer Darstellung glaubt man die Taufe zu sehen, in einer anderen die vier Evangelisten.

Molsheim (7000 Einw.) besitzt mit der *Metzig*, dem ehemaligen Zunfthaus der Metzger, nicht nur ein beliebtes Fotomotiv, sondern auch einen Renaissancebau mit auffallend großem Volutengiebel und einer doppelläufigen symmetrischen Außentreppe. Unter Balkonen und einem zierlichen Uhrturm öffnet eine Brasserie ihre Türen.

Etwas außerhalb des mittelalterlichen Stadtkerns steht die der Dreifaltigkeit geweihte *Jesuitenkirche*. Um der Reformation im Elsaß entgegenzuwirken, war schon 1582 in Molsheim ein Jesuitenkolleg gegründet worden, das später in Konkurrenz zum protestantischen Gymnasium in Straßburg sogar zur Universität erhoben wurde.

Entsprechend den Zielen der Gegenreformation entschied man sich bei der späteren Auftragsvergabe für den Kirchenbau nicht für den damals aktuellen Renaissancestil, sondern wählte den eher konservativen, ja eigentlich schon anachronistischen gotischen Entwurf des Architekten Christoph Wamser aus Aschaffenburg. Als Financier des Projekts trat Erzherzog Leopold von Österreich in seiner Funktion als Bischof von Straßburg auf.

Beim Rundgang durch die belebten Straßen kommt man an der teilweise noch erhaltenen Stadtbefestigung und einigen weiteren Renaissancehäusern vorbei. Hinter den Mauern des ehemaligen Kartäuserpriorats ist das *Stadtgeschichtliche Museum* mit einer Sammlung von der Frühzeit bis zur Gegenwart eingezogen.

Das weitaus größere Interesse gilt jedoch der *Stiftung Bugatti*. Es werden neben familiären Erinnerungsstücken einige der exklusiven Automobile gezeigt. Im Jahr 1909 entschloß sich Ettore Bugatti, am südlichen Stadtrand die Messier-Hispano-Bugatti-Werke zu gründen, in denen heute Fahrgestelle für Flugzeuge produziert werden.

🕓 Das Museum ist nur im Sommer geöffnet.

Hôtel Diana, Pont de la Bruche, ☎ 88 38 51 59, Fax 88 38 87 11. Ein Hotel für Anspruchsvolle. Die Küche verwöhnt die Gäste mit exquisiten Gerichten wie Zander in Tokay oder Filet in Pinot Noir. ($))
Hôtel du Centre, 1, rue St-Martin, ☎ 88 38 54 50, Fax 88 49 82 57. Gepflegtes Haus mit gut ausgestatteten Zimmern und Garten. ($)

Das Straßendorf **Rosheim** (4000 Einw.) zwischen Rebstöcken und Hopfenfeldern kann seine Entwicklungsgeschichte bis ins 7. Jh. zurückverfolgen. Bevor die Staufer in der Region Fuß faßten, wurden ihre Geschicke von den mächtigen Klosterherren bestimmt. Später waren die Bürger von Rosheim dann maßgeblich an der Gründung des Zehnstädtebundes (s. S. 14) beteiligt.

* *St-Pierre-et-St-Paul* stammt aus der zweiten Hälfte des 12. Jhs. und gilt als eine der schönsten romanischen Kirchen im Elsaß. Der Bau ist aus sorgfältig behauenen Quadern in einem war-

Seite 61

men gelben Farbton errichtet und verfügt über eine umfangreiche, plastische Gliederung sowie einen qualitätvollen Skulpturenschmuck. Unter Dachtraufen und Gesimsen fällt der umlaufende Rundbogenfries ins Auge, flache Lisenen gliedern die Wandflächen. An der Hauptapsis sind Reliefs vermauert, die die vier Evangelistensymbole darstellen; am Ansatz der Giebelschrägen der Westfassade sitzen Löwenfiguren. Letztlich ungeklärt ist die Bedeutung der vier Gestalten auf dem Vierungsturm, die sich auch an der Kirche von Guebwiller finden.

Die Bibliothèque Humaniste gehört zu den großen Sehenswürdigkeiten von Sélestat

Das Innere wirkt im Vergleich zum Außenbau gedrungen und schwer. Das Langhaus erstreckt sich nur über zweieinhalb Joche bis zum Querhaus. Stämmige Säulen wechseln mit Pfeilern ab; das Kreuzgewölbe ruht auf schweren Rippen, die auf Konsolen enden, massige Gurtbögen stützen es zusätzlich ab.

St-Pierre-et-St-Paul in Obernai

Ein malerisches Ensemble bilden die Häuser um das Rathaus. Auf der *Place du Marché* steht wieder einer dieser so typischen Sechseimerbrunnen. Von der Stadtbefestigung sind noch einige Türme erhalten.

Eine Rarität ist das romanische Wohnhaus, das wohl aufgrund seines Alters als „Heidenhaus", *Maison Païenne*, bezeichnet wird: ein Wohnturm, der um 1200 entstanden sein dürfte.

ℹ 84, pl. Hôtel de Ville,
F-67560 Rosheim, ☏ 88 50 75 38.

Im ansonsten eher verschlafen wirkenden Dorf **Boersch** steht einer der schönsten * *Renaissancebrunnen* des Elsaß: Drei Säulen tragen einen aufwendigen Aufsatz, an dem die Seilwinde befestigt ist. Der Brunnen, 1617 von Jacob Zumsteg geschaffen, steht an der *Place de l'Hôtel de Ville,* umgeben von Fachwerkhäusern und dem Rathaus.

Der Renaissancebrunnen in Boersch

Das touristische Zentrum der nördlichen Weinstraße, ** **Obernai,** liegt am

1

Seite 61

Fuß des Odilienberges. Zwar wimmelt es von Souvenirläden und Weinstuben, und meist ist Obernai auch reichlich überfüllt, doch bleibt es die schönste Stadt weit und breit. Über lange Zeit war sie eine der Residenzen der elsässischen Herzöge. Angeblich soll die hl. Odilia hier geboren worden sein. Obernai wurde 1240 Freie Reichsstadt und trat gut ein Jahrhundert später dem Zehnstädtebund bei.

Obernai ist übrigens die Geburtsstadt von Thomas Murner (1475–1537), jenem Franziskaner, der vehement gegen die Reformation predigte.

Mittelpunkt der Ministadt ist die längliche ** *Place du Marché*, eingerahmt von herrlichen Bürgerhäusern. Das mit einem kleinen Fassadenerker und dem Balkon geschmückte *Rathaus* (Hôtel de Ville) geht in seiner Bausubstanz im wesentlichen ins 16. und frühe 17. Jh. zurück. Gegenüber steht die *Ancienne Halle aux Blés*. Der ehemalige Getreidespeicher wird auch als „Metzig" bezeichnet, weil im ursprünglich offenen Erdgeschoß früher Fleisch verkauft wurde.

Hinter dem Rathaus erhebt sich die *Tour de la Chapelle*, auch Beffroi genannt, der einzige Rest einer 1873 abgerissenen gotischen Kirche. Man sollte den Turm besteigen und aus 72 m Höhe den wunderbaren Blick über die Dachlandschaft von Obernai genießen.

Auch diese Stadt hat ihren * *Sechseimerbrunnen*. Er steht an der Einmündung der Rue du Chanoine Gyss in die Hauptstraße. Er wurde kurze Zeit vor jenem in Boersch (s. S. 57) gebaut und zeigt im Gegensatz zu diesem noch strengere Renaissanceformen: Die Säulen tragen einen polygonalen Baldachin mit Sterngewölbe, oben steht ein Putto mit dem Habsburgerwappen. Bibelworte in deutscher Sprache beziehen sich auf die Symbolik des Wassers. Die neugotische *Kirche* hinter dem Brunnen ist den Heiligen Peter und Paul geweiht. Von Interesse sind einige Ausstattungsstücke, die vom Vorgängerbau übernommen wurden. Dazu zählen die Fenster von Peter Hemmel aus Andlau um 1480.

Relativ groß ist die Zahl gut erhaltener und entsprechend gepflegter alter Häuser im Ortskern. Hingewiesen sei auf das sog. *Romanische Haus* in der Rue des Pèlerins, aber auch auf die Gassen des ehemaligen *Judenviertels* hinter dem Rathaus an der Place de la Chapelle und der Rue Hôtel de Ville. Dem Verlauf der Stadtmauer folgt heute die Umgehungsstraße. Nur auf der Ostseite blieben einige Wehrtürme und Mauerpartien erhalten.

ℹ Chapelle du Beffroi, F-67210 Obernai, ☎ 88 95 64 13, FAX 88 49 90 84.

Ⓗ **Duc d'Alsace,** 6, rue de la Gare, ☎ 88 95 55 34, FAX 88 95 00 92. Gutausgestattetes Logis de France in einem Fachwerkhaus. ($))

In *Ottrott* wird einer der wenigen Elsässer Rotweine gekeltert. Es empfiehlt sich, hier die Weinstraße zu verlassen und einen Abstecher auf den berühmten heiligen Berg des Elsaß zu machen.

* **Mont Sainte-Odile.** Der Übergang zwischen Ebene und Vogesenhöhen ist abrupt, nach kurzer Auffahrt steht man auf dem 763 m hohen Odilienberg. Der Legende nach gründete die hl. Odilia, einzige Tochter des elsässischen Herzogs Eticho, hier ein Kloster.

Berühmtheit erlangte die im 12. Jh. hergestellte illustrierte Handschrift „Hortus deliciarum" der Äbtissin *Herrad von Landsberg*. Das Original verbrannte zwar 1870 bei der Belagerung von Straßburg, doch blieben Kopien erhalten. Nach mehreren Bränden wurde das Kloster, dessen Äbtissin während der Reformation den evangelischen Glauben angenommen hatte, bereits 1546 aufgegeben. Während der Revolution wurde das Anwesen zum Staatseigentum erklärt. Mitte des letzten Jahrhunderts kaufte es der Bischof von Straßburg zurück. Die Gebäude sind um zwei Höfe herum angelegt und größtenteils jüngeren Datums. Die Klo-

1

Seite 61

sterkirche wurde 1650 auf den Ruinen einer romanischen Kirche erbaut. Aus dem 11. Jh. dürfte die *Chapelle Ste-Odile*, die Grabkapelle der hl. Odilia, das Zentrum der Wallfahrt zur Schutzpatronin des Elsaß, stammen. In der sich anschließenden *Chapelle de la Croix* wird der leere Sarkophag des Vaters der Heiligen aufbewahrt. Die *Tränen-* sowie die *Engelskapelle* stehen inmitten des merowingischen Friedhofs, auf dem Odilia für das Seelenheil ihres Vaters gebetet haben soll. Die Räume sind mit modernen Mosaiken geschmückt, die teilweise Motive aus dem „Hortus" aufgreifen. Nicht versäumen sollte man bei entsprechendem Wetter den Blick von der Terrasse auf die herrliche Umgebung.

Der Uhrturm von Obernai

In keltischer Zeit diente der Odilienberg als Fluchtburg. Noch heute ist er teilweise mit einer langen und durchschnittlich 1,80 m dicken und aus mächtigen Natursteinen ohne Mörtel gefügten * *Mur païen* umgeben. Zu dieser Heidenmauer unterhalb der Straße weisen Schilder; sie ist aber auch vom Klosterausgang aus direkt über eine Treppe linker Hand zu erreichen. Anhand der deutlich erkennbaren Einkerbungen sieht man ohne Schwierigkeiten, daß die einzelnen Steine ursprünglich durch hölzerne Schwalbenschwänze verbunden waren. Die Mauer, von den Römern weitergenutzt, ist teilweise bis zu einer Höhe von drei Metern erhalten. Der Wanderweg verläuft auf einer Strecke von rund 10 km fast immer parallel zu ihr. Der komplette Rundgang dauert ungefähr vier Stunden.

Barr (5000 Einw.), eine kleine Industriestadt, liegt wieder unmittelbar an der Weinstraße und wirkt im Vergleich zu Obernai fast schlicht. Viel von der alten Bausubstanz fiel 1678 einem Großbrand zum Opfer. Einiges vom immer noch relativ einheitlichen Ensemble rund um den *Marktplatz*, wie das Rat-

Die Kleinstadtidylle in Sélestat wird von Turm der Kirche St-Georges überragt

1

Seite 61

haus, blieb stehen. Keine Einheit bildet dagegen der frühromanische Kirchturm von *St-Martin* in der unmittelbaren Nachbarschaft eines Baus aus dem letzten Jahrhundert.

Elsässische Wohnkultur gibt es im *Musée de la Folie Marco* zu besichtigen. Das Gebäude entstand als Wohnhaus für den Vogt des herzoglichen Guts von Barr, Louis-Félix Marco (🕓 Juli bis Sept. tgl. außer Di 10–12 und 14–18 Uhr, Juni und Okt. nur Sa und So).

* **Andlau** ist heute ein Stadtteil von Barr und liegt an dem gleichnamigen Flüßchen unterhalb der Spesburg und der *Feste Hoh-Andlau*. Letztere, Stammsitz der Grafen von Andlau und heute wieder im Besitz der Familie, war bis 1806 die letzte bewohnte Burg im Elsaß.

Andlau selbst sucht man vor allem wegen seiner * *Abteikirche* auf. 880 gründete Richardis, die Gemahlin des deutschen Kaisers Karl des Dicken, hier ein Kloster. Der Legende nach hatte eine Bärin Richardis den Platz für den Bau gezeigt. Der Konvent wurde später zur Reichsabtei erhoben und bestand bis zur Französischen Revolution.

Herausragende Details der im 17. Jh. größtenteils neu erbauten Abteikirche sind eine frühromanische Krypta von beachtlicher Größe sowie Teile des Chors aus dem gleichen Zeitraum. Beim Skulpturenschmuck des Westwerks handelt es sich um ein Hauptwerk romanischer Plastik im Elsaß: Ein fast 30 m langer Fries zeigt in 48 Einzeldarstellungen volkstümliche Szenen, Tiere, Kämpfe und eine Reihe weiterer, teilweise schwer deutbarer Szenen. Im Bogenfeld des Portals thront Christus. Er übergibt Schlüssel und Buch an Petrus und Paulus. Links und rechts außen ist je eine Figur angestückt, um das offensichtlich nicht für diesen Platz gearbeitete Tympanon passend zu machen. Im Türsturz ist die Geschichte von Adam und Eva dargestellt. Links und rechts des Portals sind jeweils fünf Paare unter Arkaden zu sehen, vielleicht handelt es sich um Darstellungen der Stifter.

Dambach-la-Ville besitzt noch einen reizvollen Ortskern und in der *Chapelle St-Sébastien* einen eindrucksvollen Barockaltar. Von der Kapelle lohnt sich aber vor allem der ca. 50minütige Spaziergang hinauf zur **Burgruine Bernstein** auf dem schmalen Berggrat. Sie gehörte zunächst den Grafen von Egisheim und war Sitz der bischöflichen Verwaltung bevor sie im Dreißigjährigen Krieg zerstört wurde. Belohnt wird man nicht nur mit dem Blick auf die Fragmente des fünfeckigen Bergfrieds sondern auch mit einer weiten Aussicht über die Ausläufer der Vogesen.

* **Sélestat** (16 000 Einw.). Die Geschichte Schlettstadts, wiederum nicht direkt an der Weinstraße gelegen, ähnelt der vieler anderer Städte im Elsaß. Auch diese auf ein Benediktinerpriorat zurückgehende Siedlung profitierte von der staufischen Stadtentwicklungspolitik. 1153 von Friedrich Barbarossa unter besonderen Schutz gestellt, erhielt sie von Friedrich II. das Recht, sich mit einer Mauer zu umgeben. Später beteiligte sich auch Sélestat an der Gründung des Zehnstädtebunds. Berühmtheit erlangte die Lateinschule als Zentrum des Frühhumanismus. Jacob Wimpfeling, Beatus Rhenanus und Martin Butzer waren ihre bekanntesten Schüler.

Dicht beieinander stehen in der Altstadt zwei Kirchen. Die romanische ist dem hl. Fides geweiht und die gotische dem hl. Georg.

Ste-Foy geht auf eine Stiftung der Herzogin Hildegard von Egisheim zurück, die sie nach dem Vorbild der Grabeskirche in Jerusalem errichten ließ. Der heutige Bau, wahrscheinlich gegen Ende des 11. Jhs. in Auftrag gegeben, wurde später von den Jesuiten umgebaut und bekam im letzten Jahrhundert eine „Romanisierung“ verordnet. Heute fällt aufgrund dieser Vielfalt unterschiedlicher Baustile eine eindeutige

Saar-brücken
Metz
Hombourg-Haut
St-Avold
Sarreguemines
Naturpark Pfälzer Wald
DEUTSCHLAND
Rohrbach-les Bitche
Bitche
Wasigenstein
Fleckenstein
Puttelange
Sarre
Obersteinbach
Falkenstein
Wissembourg
Goetzenbruck
Philippsbourg
Lembach
Morhange
Parc Naturel Régional
Bas-Rhin
Niederbronn-les-Bains
Hunspach
Wœrth
Soultz-sous-Forêts
des Vosges
du Nord
Fénétrange
Sauer
Neuwiller-lès-Saverne
Pfaffenhoffen
Forêt de Haguenau
Dieuze
La Petite Pierre
Karlsruhe
Bouxwiller
Haguenau
Soufflenheim
St-Jean-Saverne
Nancy
Phalsbourg
Sarrebourg
Maizières-lès-Vic
Héming
Saverne
Bischwiller
Brumath
Canal de la Marne au Rhin
Moselle
Col du Valsberg
Dabo
Abreschviller
Marlenheim
Wangenbourg
RHEIN
Château du Nideck
Strasbourg
Meurthe-et-Moselle
Nieder-haslach
Molsheim
Donon 1009
Col du Donon 737
Geispols-heim
Rosheim
Schirmeck
Obernai
Krautergers-heim
Le Struthof
Fouday
Mont Ste-Odile 763
Raon-l'Etape
Waldersbach
Erstein
Senones
Barr
Meurthe
Champ du Feu 1100
Saales
Col de Saales 556
Dambach-la-Ville
Lahr
Col d'Urbais 602
St-Dié
Ste-Marie-aux-Mines
Ebersmunster
Haut-Koenigsbourg
Sélestat
Col des Bagenelles 903
Kintzheim
Vosges
Ribeauvillé
Col du Bonhomme 949
Riquewihr
DEUTSCH-LAND
Kaysersberg
Route des Crêtes
Gérardmer
les-Trois-Epis
Colmar
Col de la Schlucht 1139
Turckheim
Eguisheim
Munster
Le Hohneck 1362
Canal du Rhône au Rhin
Gueberschwihr
Neuf-Brisach
Freiburg
Haut-Rhin
Rouffach
Markstein 1266
Col de Bussang 1018
Bussang
Guebwiller
Bad Krozingen
Le Thillot
Murbach
Grand Ballon 1424
Ensisheim
Ballon d'Alsace 1247
Cernay
ROUTEN 1-3
Thann
Ottmarsheim
0
20 km
Mulhouse
Masevaux
Basel
N

1

Seite 61

Zuordnung der einzelnen Bauabschnitte ziemlich schwer.

Der Innenraum wirkt leicht gedrückt. Schwere Gurtbögen trennen die von einem Kreuzrippengewölbe überfangenen Joche. Das Mittelschiff flankieren bereits Spitzbogen. In der Krypta steht der Abguß einer Frauenbüste, Kopie eines Originals in der Humanisten-Bibliothek (s. u.).

St-Georges geht ebenfalls schon auf eine ältere Anlage zurück, Grabungen beweisen die Existenz eines großen, karolingischen Rundbaus unter dem heutigen Chor. Von 1220 bis ins 15. Jh. zog sich die Fertigstellung der Georgskirche hin. Bemerkenswert sind vor allem die Glasmalereien im Chorbereich und die teilweise vergoldete Renaissancekanzel.

Zu den herausragenden Sehenswürdigkeiten zählt die * *Bibliothèque Humaniste*. Sie wurde 1452 im Zusammenhang mit der Lateinschule gegründet und konnte ihre Bestände um die 670 Bände aus der Privatbibliothek von Beatus Rhenanus aufstocken, die dieser seiner Vaterstadt vermachte. Die Bibliothek ist u. a. im Besitz frühmittelalterlicher Handschriften und früher Drucke. Ein Kuriosum bildet ein Abguß, der 1892 in Ste-Foy vorgenommen werden konnte. Vielleicht handelt es sich um Hildegard von Egisheim oder ihre Tochter. Die Büste entstand durch den Abguß einer Hohlform. Sie hatte sich unter einer zentimeterdicken Kalkschicht gebildet, die über die Jahrhunderte einen hier begrabenen weiblichen Leichnam bedeckte. (🕓 tgl. außer So und Sa nachm. 9–12 und 14 bis 18 Uhr, im Juli und Aug. auch Sa und So 14–17 Uhr.)

In der *Altstadt* verdienen öffentliche Bauten wie das gotische Zeughaus, die Salle Ste-Barbe oder die Maison Ziegler, das Renaissancehaus des Stadtbaumeisters, einen Blick. Von der *Stadtbefestigung* blieben nur noch zwei Türme, die Tour de l'Horloge und die Tour des Sorcières, erhalten.

ℹ Bd. du Général-Leclerc, F-67600 Sélestat, ☎ 88 92 02 66, FAX 88 92 88 63.

Ⓗ **Vaillant,** Place de la République, ☎ 88 92 09 46, FAX 88 82 95 01. Modernes und gut geführtes Haus mit einem empfehlenswerten Restaurant. ($)

⚠ **Les Cigognes** an der RN 83.

In * **Ebersmunster** steht die bedeutendste Barockkirche des Elsaß. Das Benediktinerkloster soll bereits von den Eltern der hl. Odilia gegründet worden sein. Im Dreißigjährigen Krieg zerstört, wurde die Kirche im 18. Jh. nach Plänen des Vorarlbergers Peter Thumb zu einer Zeit neu erbaut, als die elsässische Kunst starke Impulse aus Süddeutschland erhielt (🕓 tgl. außer So 9–12 Uhr, So 11–12 und 14–18 Uhr).

Ingenieurbaukunst ist in **Rhinau** zu besichtigen. 1963 wurde dort die größte Staustufe des Rheins errichtet.

Am Fuß einer Burg ein Wald mit Berberaffen, oben ein Adlerhorst – diese immerhin etwas außergewöhnliche Attraktion kann in **Kintzheim,** wieder unmittelbar an der elsässischen Weinstraße gelegen, besichtigt werden.

Die Burg * **Haut-Kœnigsbourg** liegt strategisch günstig in 720 m Höhe auf einem östlichen Ausläufer der Vogesen. Der Vater Friedrich Barbarossas, der schwäbische Herzog Friedrich, legte den Grundstein zu dieser Festung. Nach wechselvoller Geschichte und ihrer Zerstörung im Dreißigjährigen Krieg gelangte sie in der zweiten Hälfte des letzten Jahrhunderts in den Besitz von Sélestat. Froh, die immensen Unterhaltskosten sparen zu können, schenkten die Stadtväter die Ruine nun Wilhelm II. Der Kaiser war über den Besitz einer Burg, „deren Steine das Wesen deutscher Ritterherrlichkeit ... verkünden", hoch erfreut und veranlaßte die „Wiederherstellung" bzw. den vollständigen Neubau auf Kosten der noch erhaltenen Teile. Die in der Öffentlichkeit äußerst kontrovers diskutierten Umbaupläne wurden dem Fachmann

1
Seite 61

für solche Vorhaben, dem Berliner Architekt Bodo Ebhardt, übertragen. Obwohl der elsässische Landtag das Projekt vehement bekämpfte, kamen das damalige Reichsland Elsaß-Lothringen und das Reich nicht drum herum, gemeinsam die Kosten zu tragen. Entstanden war eine Ritterburg im Stil des späten 15. Jhs., bzw. das, was man sich um die Jahrhundertwende darunter vorstellte. Für die Besucher heute lohnt sich vor allem der * *Ausblick*, der mehrere Burgen umfaßt und bis zu den Hängen des Schwarzwalds reicht (🕓 Juni bis Sept. 9–18 Uhr, sonst über Mittag; im Jan. geschlossen).

Inmitten von Weinbergen liegt die Wehrkirche von Hunawihr

* **Ribeauvillé** (5000 Einw.) ist die Stadt der Pfeiferkönige. Seit dem 15. Jh. waren ihre Grafen Schutzherren der Pfeifer, des fahrenden Volkes der Gaukler und Musiker. Am ersten Sonntag im September, dem *Pfifferdaj* (Fête des ménétriers, Pfeifertag), wird seit ca. 1400 alljährlich das Fest der Spielleute gefeiert.

Am Pfifferdaj kehrt in Ribeauvillé das Mittelalter zurück

Früher huldigten die Pfeifer damit ihrem Schutzherrn, der auch die oberste Gerichtsbarkeit über die Bruderschaft besaß.

Das Städtchen erstreckt sich entlang der Grand'Rue mit dem zentralen

Route des Cinq Châteaux

Wie ihr Name schon besagt, verbindet die *Straße der fünf Burgen* gleich fünf Burgruinen: Sie beginnt bei den drei *Donjons von Eguisheim*, auch die „Drei Egsen" genannt, die Dagsbourg, die Wahlenbourg und Burg Weckmund. Es handelt sich um drei weithin sichtbare Türme, die zu drei verschiedenen, durch Mauern und Gräben voneinander getrennten Burganlagen gehören. Die Straße verläuft weiter zur Ruine *Hohlandsbourg*. Sie wurde 1279 erbaut und gehörte lange der Stadt Colmar. Lazarus von Schwendi ließ die Anlage im 16. Jh. wiederherstellen, dann wurde sie auf Befehl Richelieus geschleift.

Von der Hohlandsbourg aus ist bereits die *Pflixbourg* zu sehen, der eine Kontrollfunktion über das Fechttal zukam.

Ein runder Donjon – einer der ersten dieser Art im Elsaß – wurde von einer polygonalen Mauer umgeben, die Platz für eine große Garnison bot.

1

Seite 61

Der Nase nach ... Ein Käse namens Munster

Munster an der Fecht ist nicht nur Ausgangspunkt für attraktive Ausflüge. „Munster" (sprich „Münster") ist außerdem der Name eines stark aromatischen Käses, der im Tal fast in jedem Bauernhof zum Verkauf angeboten wird. Das industriell hergestellte Produkt wird aus pasteurisierter Milch gewonnen, wogegen die Bauern ihren Käse traditionell aus roher Kuhmilch herstellen. Nach vierwöchiger Reife, als beste Zeit werden die Monate Juni bis November angegeben, nimmt er dann einen starken Geruch an, ist weich und milder als er riecht und darf keinen kreidigen Kern mehr besitzen.

Marktplatz. Hier stehen der Barockbau des Rathauses, ein Renaissancebrunnen und der Metzgerturm. Diese *Tour des Bouchers* bildet die Grenze zwischen Unter- und Oberstadt. An der Grand'-Rue kann man den Fachwerkbau des *Pfifferhus* nicht übersehen. Einer der Pfosten des Erkers wurde mit der vollplastischen Szene der Verkündigung geschmückt.

Drei Burgruinen überragen die Ortschaft. Zumindest die *Ulrichsburg*, der Stammsitz der Rappoltsteiner, lohnt unbedingt einen Besuch. Sie ist ein großartiges Beispiel staufischer Festungsbaukunst und bietet sich als Aussichtspunkt auf die schlechter erhaltene Burg *Hochrappoltstein* an.

ⓘ 1, Grand'Rue, F-68150 Ribeauvillé, ☎ 89 73 62 22.

Ⓗ **La Tour,** 1, rue de la Mairie, ☎ 89 73 72 73, FAX 89 73 38 74. Altes Haus mit modernem Komfort in der Ortsmitte. $$

Ⓡ **Winstub zum Pfifferhüs,** 14, Grand'Rue, ☎ 89 73 62 28. Bekanntes Traditionsgasthaus. Mit Riesling und Traminer wird im überfüllten Gastraum am Pfifferdaj gefeiert. $

In dem kleinen Ort **Hunawihr** (500 Einw.) wird die gotische *Wehrkirche* noch wie eh und je von einer bis zu sieben Meter hohen Mauer mit sechs halbkreisförmigen Bastionen und Schießscharten geschützt. Im Chor fällt eine Darstellung der Geschichte des hl. Nikolaus aus dem 15. Jh. auf.

Wer würde ausgerechnet in Hunawihr das Projekt engagierter Umweltschützer vermuten? Seit 1976 gibt es das *Centre de Réintroduction des Cigognes* mit Aquarium und Schmetterlingshaus. Die Initiatoren des Projekts bemühen sich darum, Störche im Elsaß wieder dauerhaft heimisch zu machen. Hauptsächlich war ihr Verschwinden auf die Trockenlegung der Riedsümpfe zurückzuführen. (🕓 Apr. bis Okt. tgl. 10–12 und 14–17/18 Uhr.)

Zu einem Fest nicht nur für das Fotografenauge wird ein Besuch in **Riquewihr** (1000 Einw.). Wer es einrichten kann, sollte seinen Besuch in der Hoffnung auf etwas weniger Gedränge auf einen Wochentag legen. Riquewihr verwöhnt mit seinem komplett erhaltenen und mit Abstand malerischsten Stadtbild des gesamten Elsaß. Die ersten Befestigungsanlagen wurden im 13. Jh. angelegt. 1320 erhielt der Ort die Stadtrechte. Auffallend ist das rechteckige Grundrißraster, das auf eine systematische Planung schließen läßt.

Heute drängeln sich die Touristenmassen in der *Rue Général-de-Gaulle,* die den Ort in Ost-West-Richtung durchquert und an der sich liebevoll restauriert und blumengeschmückt Haus an Haus reiht.

Der letzte deutsche Kaiser ließ sich die Wiederherstellung der Festung Haut-Kœnigsbourg eine Menge Geld kosten

1

Seite 61

Man beginnt mit der Besichtigung am besten am östlichen Punkt des für den Verkehr gesperrten Innenstadtbereichs, also beim *Rathaus*. Bei seinem Naubau im 19. Jh. mußte ein Stadttor abgerissen werden. Linker Hand liegt das ehemalige *Schloß* der Württemberger, in dem heute das elsässische Postmuseum untergebracht ist. Die wenigen Häuser des 15. Jhs. lassen sich unschwer an den Jahreszahlen auf den Torbögen und an den Balken erkennen. Und immer wieder öffnet sich der Blick in einen der reizvollen Innenhöfe. Berühmt ist der * *Dolder*. Dem Torturm (13. Jh.) an der Grand'Rue wurden drei Jahrhunderte später die Fachwerkgeschosse hinzugefügt. Hier und im benachbarten *Diebsturm* ist ein Heimatmuseum untergebracht.

ℹ 2, rue de la 1ère Armée,
F-68340 Riquewihr, ☎ 89 47 80 80,
FAX 89 49 04 40.

Schoenenbourg, Rue du Schoenenbourg, ☎ 89 49 01 11, FAX 89 47 95 88.
Modernes, komfortables Hotel. $$
Le Riquewihr, 3, route de Ribeauvillé, ☎ 89 47 83 13, FAX 89 47 99 76.
Modernes Hotel außerhalb der Altstadt. $

** **Kaysersberg** (3000 Einw.). Malerisch liegt das ehemalige „Castrum Keisersberg" unterhalb der Burgruine an dem Flüßchen Weiss. Es wurde unter dem Staufer Friedrich II. angelegt und befestigt. Ort und Burg waren ursprünglich durch die Stadtmauer verbunden. Heute belohnt vor allem der schöne Blick den Aufstieg zur Burgruine.

Am zentralen Platz von Kaysersberg überragt an der Rue Général-de-Gaulle die ursprünglich romanische dreischiffige Basilika *Ste-Croix* die roten Ziegeldächer der Fachwerkhäuser. Sie besitzt noch ein romanisches Westportal, dessen Tympanon eine Marienkrönung zeigt. Unter den teilweise bedeutenden Ausstattungsstücken besticht ein geschnitzter Flügelaltar des Colmarer Künstlers Hans Bongart aus dem Jahr 1518. Er zeigt Szenen aus der Passion Christi, in der Predella die Apostel. Rund um die Kirche steht ein ganzes Ensemble interessanter Bauten: Das prächtigste ist das Rathaus, ein Renaissancebau mit Erkern, Holzgalerien und einem Hof mit Brunnen, der einen Blick lohnt.

Die benachbarte Michaelskapelle aus dem 15. Jh. erinnert an den alten Friedhof, der sie einst umgab. Eine reizvolle Gruppe bilden auch die Gebäude rund um die alte Weissbrücke, die einzige befestigte Brücke, die es im Elsaß gab. Sie bietet einen herrlichen Blick auf das Flüßchen und die Ruine der Burg.

Eine gewisse Berühmtheit erlangte Kaysersberg durch Albert Schweitzer (1875–1965). Am Ende der Hauptstraße wurde dem Musikwissenschaftler, Organisten, Theologen und Arzt, der durch seine Arbeit im afrikanischen Lambarene Weltruhm erlangte und 1952 den Friedensnobelpreis erhielt, in seinem Geburtshaus ein Museum mit Kulturzentrum eingerichtet. (🕓 Ostern und Mai bis Okt. 9–12 und 14–18 Uhr.)

ℹ 37, rue Général-de-Gaulle,
F-68240 Kaysersberg, ☎ 89 78 22 78,
FAX 89 78 27 40.

Chambard et sa Résidence,
☎ 89 47 10 17, FAX 89 47 35 03. Kleines exquisites Hotel in einem ockerfarbenen Haus. Stolz des Hausherrn sind die Schöpfungen seiner klassischen, behutsam modernisierten Küche. $$

** **Eguisheim** (1500 Einw.), besticht durch sein Gesamtbild. Die konzentrische Stadtanlage entstand um ein ehemaliges Wasserschloß, dessen erhaltene älteste Teile in die Mitte des 13. Jhs. zurückgehen dürften. Die Burg wurde während der Französischen Revolution zerstört und während des letzten Jahrhunderts im historisierenden Stil jener Zeit wiederhergestellt.

Angeblich soll Papst Leo IX. in der Festung das Licht der Welt erblickt haben. Eine Vermutung, die stimmen könnte, zumal er aus dem Geschlecht der Egisheimer stammte.

Seite 61

Die mittelalterliche *Stadtbefestigung* wurde mit Häusern überbaut. Im Lauf der Jahrhunderte entstand ein malerischer Mauer- bzw. Häuserring. Nach dem Abriß der mittelalterlichen *Pfarrkirche* entschloß man sich im letzten Jahrhundert zu einem Neubau.

Übernommen wurde lediglich das alte * Westportal aus dem frühen 13. Jh. Im Tympanon sind Christus, mit dem Schlüssel der Apostel Petrus und mit einem Buch der Apostel Paulus dargestellt, im Türsturz die Klugen und die Törichten Jungfrauen. Stilistisch weisen die Skulpturen Beziehungen zu Straßburg auf.

ⓘ 22, Grand Rue, F-68420 Eguisheim, ☏ 89 23 40 33, FAX 89 41 86 20.

Ⓗ **Auberge Alsacienne,** 12, Grand Rue, ☏ 89 41 50 20, FAX 89 23 89 32. Gepflegtes Mittelklassehotel. $

Ⓡ **Caveau d'Eguisheim,** 3, place du Château, ☏ 89 41 08 89. Fischspezialitäten zu einer Auswahl Eguisheimer Weine. $

Das Kloster Murbach zählt zu den herausragenden romanischen Bauten im Elsaß

Irische Mönche kamen bis nach Murbach

5 km westlich von Guebwiller liegt ausgesprochen idyllisch am Ende eines engen Tals die ehemalige Abtei * **Murbach.** Sie ist eine Gründung irischer Mönche, die bis in merowingische Zeit zurückreicht. Lange war die Aufnahme in die Reichsabtei, die immense kulturelle und zeitweise auch politische Bedeutung besaß, ausschließlich den Angehörigen des hohen Adels vorbehalten. Bekannt wurden die im 9. Jh. verfaßten Murbacher Hymnen und einige im Kloster hergestellte Handschriften. 1759, also bereits vor der Französischen Revolution, verließen die Mönche ihr abgeschiedenes Tal, um sich in Guebwiller niederzulassen. Sie begannen selbst mit der Zerstörung ihrer Kirche, deren Steine angeblich beim Bau der dortigen Liebfrauenkirche Verwendung fanden. Doch auch die noch vorhandenen Ostpartien von Murbach gehören zu den bedeutendsten Zeugnissen der Romanik im Elsaß. An ein mit zwei Türmen ausgestattetes Querhaus schließt sich das große, flach endende Chorhaupt an, das an jeder Seite von einem ebensolchen Raum flankiert wird. An die erhaltenen Teile grenzte ursprünglich das dreischiffige, flachgedeckte Langhaus. Von Bedeutung ist auch der plastische Schmuck der Kirche: Lisenen, Rundbogenfriese und Arkaden gliedern die Baumasse, figürliche Reliefplatten sind, wenn auch etwas unorganisch, an manchen Stellen in die Wand eingelassen. Das Südportal zeigt reichen ornamentalen Schmuck und im Tympanon zwei stolze Löwen.

Seite 61

Rouffach (5000 Einw.). Die Geschichte des Ortes läßt sich bis ins frühe Mittelalter zurückverfolgen, als die Siedlung dem Bischof von Straßburg unterstand. Sowohl im Bauernkrieg als auch im Dreißigjährigen Krieg wurde sie mehrfach verwüstet, aber dennoch blieben einige interessante Gebäude erhalten, vor allem rund um die Place de la République. Die Pfarrkirche *Notre-Dame,* die inzwischen dem hl. Arbogast geweiht wurde, gehört zu den frühesten gotischen Kirchen im Elsaß. Das Langhaus ist dreischiffig und drei Joche lang. Einem Mittelschiffjoch entsprechen zwei Seitenschiffjoche. Nach Vollendung des Langhauses dürfte man mit der Erneuerung des Chors begonnen haben, der schöne, figürlich geschmückte Konsolen besitzt. Die unvollendete Westfassade zeigt sich deutlich von Straßburg beeinflußt. Einem romanischen Vorgängerbau gehören noch Teile des Querhauses mit seinen östlichen Apsiden an.

Zwei Stadtbaumeister aus Rouffach zeichnen für die Pläne der beiden Gebäude des *Alten Rathauses* (1581 und 1617) verantwortlich. Erst im 17. Jh. wurden ihnen die geschweiften Giebel aufgesetzt. Neben dem ehemaligen Rathaus stehen die im Mittelalter gebaute *Kornhalle* mit Treppengiebel und der sogenannte *Hexenturm* (Tour des Sorcières).

Guebwiller (11 000 Einw.). Recht idyllisch erscheint Guebwiller heute angesichts der Tatsache, daß hier noch 1970 zwei Drittel der Beschäftigten in der Industrie tätig waren. Bereits 1793 wurde im ehemaligen Abtspalais des Klosters Murbach, dem Guebwiller unterstand, eine Textilmanufaktur eingerichtet, in deren Nachfolge die Mülhauser Familie Schlumberger auch denMaschinenbau in den Vogesenort brachte. Auf der Weiterfahrt Richtung Murbach wird man das für damalige Zeiten gewaltige Industrieareal passieren. Doch der eigentliche Ort hat sich inzwischen – vor allem nach einer Krise seiner traditionellen Branchen in den 70er Jahren – zu einem ansehnlichen Ferienort gemausert, der einen guten Standort für Ausflüge in die Umgebung abgibt.

Die drei Kirchen von Guebwiller liegen nahe der Hauptstraße, der Rue de la République, die wie auch die Eisenbahn dem Lauf der Lauch durch das enge Tal folgt. Die bedeutendste ist die romanische * *St-Léger* mit einem gotischen Chor und Seitenschiffen aus dem 16. Jh. Gegen Westen erhebt sich eine beeindruckende Zweiturmfassade mit drei Portalen, einem Mittelgeschoß mit Arkaden und einem rautengeschmückten Dreiecksgiebel. Das Hauptportal zeigt im Tympanon Christus, flankiert von Maria und dem hl. Léger.

Nebend der Kirche Notre-Dame, die der letzte Fürstabt von Murbach 1763 in Auftrag gab, ist in einem früher zum Kloster gehörenden Gebäude das * *Musée de Florival,* ein Heimatmuseum, untergebracht.

5, place St-Léger, F-68500 Guebwiller, ☎ 89 76 10 63, FAX 89 76 52 72.

Alsace, 140, rue de la République, ☎ 89 76 83 02. Familiär geführtes Haus mit einer elsässischen Bierstub' und Restaurant, guter Weinkeller. $

Ecomusée d'Alsace

Eine Sehenswürdigkeit ganz besonderer Art ist das Freilichtmuseum *Ecomusée d'Alsace* rund 9 km südöstlich von Guebwiller zwischen Bollwiller und Pulversheim. Sechzig wertvolle Gebäude aus dem 12. bis zum 19. Jh. aus dem ganzen Elsaß wurden hier wieder aufgebaut. Auf dem ständigen historischen Jahrmarkt arbeiten Handwerker nach überlieferten Methoden. Natürlich ist auch eine Schnapsbrennerei zu besichtigen. Außerdem finden verschiedene Vorführungen statt.
(tgl. außer Jan. und Febr. durchgehend.)

1
Seite 61

Lac, 244, rue de la République, ☎ 89 76 63 10, 📠 89 74 24 84. Im Grünen gelegen, Freibad und Tennisplatz, elsässisches Restaurant. ($)

Das ca. 15 km südöstlich von Guebwiller gelegene **Ensisheim** besitzt eine bedeutendere Geschichte, als sich auf den ersten Blick ahnen läßt. 1135 wurde die Stadt zum Hauptort der österreichischen Besitzungen im Elsaß erhoben; zeitweise kam sie sogar hinsichtlich Größe und Bedeutung gleich nach Straßburg. 1648 erhielt Ensisheim, französisch geworden, den höchsten elsässischen Gerichtshof, den *Conseil Souverain,* zugesprochen. Als er 50 Jahre später nach Colmar umzog, versank Ensisheim in Bedeutungslosigkeit.

In dem *Palais de la Régence*, ehemals Sitz der österreichischen Verwaltung, sind heute ein Bergbaumuseum sowie die historischen und archäologischen Sammlungen der Stadt untergebracht.

***Thann** (7700 Einw.). Mit diesem Ort ist der Endpunkt der *Route du Vin* erreicht. Aufgrund ungünstiger Klimaverhältnisse ist weiter südlich kein Weinbau mehr möglich.

Lohnend kann der Besuch der Kirche *St-Thiébaut* sein, die mit Straßburg und Freiburg i. Br. um das Prädikat des schönsten Kirchturms wetteifert. An der Stelle einer alten Theobaldus-Wallfahrtskirche wurde ein kunsthistorisch bedeutender, spätgotischer Bau errichtet. Die Westfassade besitzt ein überreich dekoriertes Portal: Das große Bogenfeld zeigt in fünf Registern das Marienleben, das rechte Tympanon die Geburt, das linke den Kreuzestod Christi. Stilistisch weisen die Skulpturen eher nach Ulm als nach Straßburg. Der Innenraum besticht durch seine Höhe. Langhaus und Chor sind fast gleich lang, doch ist der Chor erheblich heller, seine Wand ist fast völlig in Fenster aufgelöst. Die bemerkenswerten Scheiben stammen ebenfalls aus der Gotik und zeigen Szenen der Genesis, dem Leben Christi und Marias, sowie verschiedene Heiligenlegenden.

Musikant in farbenfroher Sundgauer Tracht

Das Münster von Thann prunkt mit einer aufwendig gestalteten Westfassade

Route 2

2

Seite 61

Burgen und Töpferstädte

Die Sandsteinvogesen und ihr Vorland (240 km)

Das nördliche Elsaß ist nicht so überlaufen, nicht ganz so perfekt und bilderbuchhaft wie die Weinstraße, dafür vielleicht ursprünglicher. Hier geht es ruhiger zu, man hat Gelegenheit und Muße sich einzufühlen. Die Vogesen sind zwar nicht so hoch wie im Süden, doch bieten sie teilweise pittoreske Felsformationen, und manche Gipfel tragen noch heute imposante Burgen. Die Route verläuft von der Grenze bis zum Tal der Bruche.

Haguenau (30 000 Einw.) nordöstlich von Straßburg besitzt im Vergleich zu anderen elsässischen Städten vergleichbarer Größe kaum Sehenswürdigkeiten von kunsthistorischer Bedeutung. Erklären läßt sich dies damit, daß die einst prosperierende Stadt im Schutz einer mächtigen Kaiserpfalz gegen Ende des Dreißigjährigen Krieges von einem verheerenden Brand zerstört wurde.

Von den Flammen verschont blieb die romanische, dreischiffige Kirche *St-Georges*. In der anderen, ebenfalls romanischen und wiederum dreischiffigen Kirche *St-Nicolas*, einer Stiftung Friedrich Barbarossas, gehört das prächtige barocke Chorgestühl aus dem zerstörten Kloster Neuburg zu den kunsthistorischen Highlights.

> ### Hopfenfest
> Obwohl heute der meiste Hopfen nicht mehr rund um Haguenau, sondern in der Gegend südlich von Straßburg angebaut wird, feiert man hier alljährlich am letzten Augustwochenende die *Fête du Houblon*.

Das *Musée Historique* an der Rue Maréchal-Foch präsentiert auf gelungene Art eine archäologische Sammlung. Unter den Exponaten befinden sich unzählige Gräberfunde, die im Forst von Haguenau entdeckt worden waren. Hinzu kommen ausgefallene Produkte der Straßburger Porzellanmanufaktur Hannong, die in Haguenau eine Zweigniederlassung unterhält.

ℹ Place de la Gare,
F-67500 Haguenau,
☎ 88 93 70 00, Fax 88 93 69 89.

Ⓗ **Kaiserhof,** 119, Grand'Rue,
☎ 88 73 43 43, Fax 88 73 28 91. Zentral gelegen und äußerst gepflegtes Haus mit einem Restaurant für gehobene Ansprüche. ($))

Soufflenheim östlich von Haguenau ist für seine Töpferwaren berühmt. Zur Massenware verkommen, bedarf es schon etwas Ausdauer, um etwas Geschmackvolles zu finden. Und längst haben sich natürlich die umliegenden Ortschaften in den florierenden Handel eingeklinkt.

Im wenige Kilometer südlich des Töpferdorfs gelegenen *Sessenheim* machte übrigens Goethe 1770 der Pfarrerstochter Friederike Brion den Hof.

Auf dem Weg von Haguenau nach Wissembourg passiert man noch ein paar andere hübsche Ortschaften, zumeist Straßendörfer, deren Häuser, überwiegend Fachwerk, im Gegensatz zu den Haufendörfern des südlichen Elsaß entlang der Hauptstraße aufgereiht sind. Ungefähr auf halber Wegstrecke steht in **Kuhlendorf** die einzige Fachwerkkirche des Elsaß, die allerdings erst im ersten Viertel des 19. Jhs. erbaut wurde. In **Merkwiller-Pechelbronn** erinnert das *Musée du Pétrole* daran, daß hier noch bis 1970 Öl gefördert wurde. **Altenstadt,** zwei Autominuten östlich, besitzt eine ottonische Kirche, die trotz späterer Veränderungen einen guten Eindruck von der Baukunst dieser Zeit vermittelt. Sie ist dreischiffig, flachgedeckt, mit einem nicht vorspringenden Querhaus und einem Dreiapsidenchor versehen. Das Portal besitzt ein reich dekoriertes Tympanon.

***Wissembourg** (7500 Einw.). Die Gründung des Grenzortes Weissenburg läßt sich auf eine Abtei zurückführen, die wahrscheinlich um 660 entstand. Das Kloster unterhielt in karolingischer Zeit eine bedeutende Schule, besaß umfangreiche Ländereien und erlangte früh die Reichsunmittelbarkeit. Obwohl Wissembourg immer wieder Austragungsort kriegerischer Auseinandersetzungen war, blieb überraschend viel alter Baubestand erhalten.

Die ehemalige Abteikirche **St-Pierre-et-St-Paul* ist nach dem Straßburger Münster die größte gotische Kirche im Elsaß. Von einem Vorgängerbau stammt der romanische Westturm. Die Pfeilerbasilika mit ursprünglich drei, dann vier Schiffen wurde im wesentlichen zwischen dem 13. und 14. Jh. erbaut und immer wieder verändert. Von der alten Verglasung blieben eine romanische Rose im Nordquerhaus und eine gotische Rose im Südquerhaus erhalten. Das berühmte Fragment einer Scheibe aus dem 11. Jh., der „Kopf von Weissenburg“, befindet sich im Straßburger Frauenhaus-Museum (s. S. 32). Auf der Nordseite der Kirche überraschen Reste eines gotischen Kreuzgangs.

Rund um die Kirche erinnert die gemütliche Kleinstadt an Colmar: auch hier enge Gassen, ein Flüßchen, die Lauter, und pittoreskes Fachwerk.

Am Quai Anselmann fällt das Renaissancehaus *Vogelsberger* auf, entlang der Lauter gelangt man zum alten *Salzhaus* mit seinem imposanten Dach, gegenüber die ehemalige Zehntscheuer der Abtei. Lohnend auch der Spazier-

Die mächtige dreischiffige Kirche St-Georges überragt Haguenau

Gemütliches Mittelalter in Wissembourg

2

Seite 61

gang um die hervorragend erhaltene Stadtbefestigung oder in den dörflich-romantischen Stadtteil **Le Bruch* mit weiteren hübschen Häusern aus Renaissance und Barock. Die Sammlungen des Musée Westercamp in einem ehemaligen Zunfthaus informieren über die Stadtgeschichte.

2

Seite 61

ℹ 9, place de la République, F-67163 Wissembourg, ☏ 88 94 10 01, FAX 88 94 18 82.

Ⓗ **Au Cygne,** 3, rue du Sel, ☏ 88 94 00 16, FAX 88 54 38 28. Hübsches Ambiente in zwei alten Häusern, Restaurant mit Terrasse. $$

Ⓡ **L'Ange,** 2, rue de la République, ☏ 88 94 12 11. Die Küche versteht es, traditionelle Gerichte dem heutigen Geschmack anzupassen. $$$

***Château de Fleckenstein.** Diese Burg ist bei weitem die eindrucksvollste Ruine in den Nordvogesen. Sie liegt auf einem schmalen, 52 m langen Felssporn und spielte eine wichtige Rolle in der staufischen Politik. Um die Mitte des 13. Jhs. übertrug Konrad IV. den Herren von Fleckenstein die Aufsicht über alle Burgen des Reichs in den nördlichen Vogesen. Die monumentalen Reste der Burg sind schwer zu datieren. Man weiß nur soviel, daß mehrmals um- und angebaut wurde. Sichtbar sind Gänge, Treppen und ganze Wände, die direkt aus dem Felsen geschlagen wurden.

Nördlich von *Obersteinbach* liegt eine weitere imposante Ruine, die Doppelburg **Wasigenstein,** die früher zum kaiserlichen Lehen gehörte. Auch die Burg **Falkenstein** bei Philippsbourg thront wie ein Adlerhorst auf einem steilen Felsen. Im 12. Jh. angelegt, wurde sie vier Jahrhunderte später zerstört, dann wieder aufgebaut und bald darauf erneut vernichtet.

Auf eine mehr als bewegte Baugeschichte kann auch die Zitadelle **Bitche** zurückblicken. Sie wurde nach Plänen des berühmten Festungsbaumeisters Vauban angelegt, aber schon kurz nach ihrer Vollendung geschleift und im 18. Jh. erneut hochgezogen. Interessant sind hauptsächlich die unterirdischen Anlagen und die gigantischen Mauern und Wälle.

Westlich von Bitche trifft man auf einen Befestigungsring jüngeren Datums: die *Maginotlinie*. Bei Légeret kann **Fort Simserhof,** eine der wichtigsten Anlagen dieser Verteidigungslinie besichtigt werden.

Parc Régional des Vosges du Nord

Dieser 117 500 ha große Regionalpark reicht im Süden fast bis Saverne, im Westen bis Bitche und geht an der deutschen Grenze in den Naturpark Pfälzerwald über. Die Höhen übersteigen selten 400 m, die Dörfer sind klein, hübsch und von dichten Wäldern umgeben.

***La Petite-Pierre** (650 Einw.), liegt wiederum auf einem Felssporn, dessen äußerste Spitze von einer Burg bewacht wird. Die Entstehungsgeschichte dieser Befestigungsanlage läßt sich bis ins Mittelalter zurückverfolgen; wesentliche Bauteile stammen aber aus späteren Zeiten. Heute werden die Räume als Büros der Verwaltung des Naturschutzparks genutzt.

ℹ Maison du Parc, Château, F-67290 La Petite-Pierre, ☏ 88 70 46 55, FAX 88 70 41 04.

***Saverne** (10 500 Einw.) am gleichnamigen Paß ist als bequemer Übergang über den extrem schmalen Vogesenkamm bekannt. Das römische Tres Tabernae, „Drei Tavernen", war ursprünglich eine Station an der Straße von Metz nach Straßburg. Die Stadt unterstand zunächst den Bischöfen von Metz und war vom frühen 15. Jh. bis zur Revolution Residenz der Bischöfe von Straßburg. Traurige Berühmtheit

2

Seite 61

erlangte Saverne im Bauernkrieg. Damals wurde auf Befehl des Herzogs von Lothringen vor den Toren der Stadt ein ganzes wehrloses Bauernheer niedergemetzelt, dem er zuvor freien Abzug zugesichert hatte.

Die Nordfassade des Château des Rohan in Saverne

Beherrschendes Bauwerk ist das *Château des Rohan,* das von Kardinal Louis-René de Rohan 1779 in Auftrag gegeben wurde. Wegen der Revolutionswirren kamen die Arbeiten zunächst zum Erliegen und konnten erst unter Napoléon III wiederaufgenommen werden. Er machte aus dem einstigen Feudalsitz eine Bleibe für die Witwen verdienstvoller Staatsdiener; später nutzte man das Schloß als Kaserne. Die monumentale Parkfront mit ihren korinthischen Kolossalsäulen öffnet sich heute zum Rhein-Marne-Kanal.

Die Räume des Schlosses werden von zwei Museen, dem *Musée Archéologique* und dem *Musée d'Histoire* mit Sammlungen zur Archäologie, Kunst-

Plan Incliné

1969 eröffnet, ersetzte das riesige Schiffshebewerk *Plan Incliné* südwestlich von Saverne auf einen Schlag gleich 17 technisch veraltete Schleusen.

Auch wenn die wirtschaftliche Bedeutung des Rhein-Marne-Kanals in der Zwischenzeit mehr als umstritten ist, unterliegt zumindest der technisch Interessierte der Faszination solcher Projekte.

Statt vollbeladener Lastkähne fahren hauptsächlich Touristendampfer in die riesige Badewanne und lassen sich in eine Höhe von fast 45 m hieven. So ein Schiffsausflug dauert mindestens 90 Minuten.

Über den Rhein-Marne-Kanal geht der Blick auf Saverne

Seite 61

und Stadtgeschichte genutzt. Juni bis Sept. tägl. außer Di 14–18 Uhr.

Allein wegen der Aussicht auf die Stadt mit Umgebung lohnt sich die Fahrt zur Festung **Haut-Barr** südlich von Saverne. Als Bauherr wird Friedrich Barbarossa genannt, im Dreißigjährigen Krieg wurde die Anlage geschleift, aber im 18. Jh. erneut befestigt.

Château des Rohan, F-67700 Saverne, 88 91 80 47, 88 41 02 90.

Chez Jean, 3, rue de la Gare, 88 91 10 19, 88 91 27 45. Ein Logis de France in zentraler Lage, auf der Speisekarte der Winstub lockt eine reiche Auswahl lokaler Spezialitäten. ($)

Das einige Kilometer südlich gelegene **Dabo** ist schon lothringisch. 1002 soll in der inzwischen verschwundenen Burg der spätere Papst Leo IX. geboren worden sein; andere Quellen beharren auf Eguisheim. Lohnend ist auf jeden Fall die Aussicht vom *Rocher de Dabo* oder von der Burgruine **Wangenbourg,** die einst der Abtei Andlau unterstand. Noch besser ist der Blick vom Aussichtsturm des Château du Nideck. Wer sich hier zu einem ca. 75minütigen Rundgang entschließen kann, kommt an zwei weiteren Burgruinen und der *Cascade du Nideck* vorbei.

Niederhaslach ist für seine gotische Kirche *St-Florent* bekannt, an der auch der Sohn des Straßburger Münsterbaumeisters Erwin von Steinbach mitarbeitete. Von Interesse aus kunsthistorischer Sicht sind das schmale Hauptportal mit der Geschichte des Titelheiligen und einer Marienkrönung sowie ein Fensterzyklus aus der Entstehungszeit der Kirche.

Unweit von Schirmeck liegt bei dem Örtchen *Natzwiller* das ehemalige Konzentrationslager * **Le Struthof.** Es war keineswegs das einzige Internierungslager, aber das einzige Vernichtungslager auf französischem Boden. 1940 ließ die deutsche SS an diesem abgelegenen, der Witterung schonungslos ausgesetzten Vogesenhang das KZ errichten, in dem bis zur Befreiung rund 17 000 Menschen vegetierten und unter entsetzlichen Umständen starben. Mediziner aus Deutschland führten im Forschungsinteresse der

Romanik in der Nähe von Saverne

Die Kirche *St-Etienne* in * **Marmoutier** 7 km südlich von Saverne zählte zu den mächtigsten Abteien im Elsaß. Sie existierte bereits im 6. Jh. und bestand bis zur Revolution. Entstand der Westbau um die Mitte des 12. Jhs., zeigt das Langhaus im wesentlichen bereits gotische Stilelemente der Frühzeit. Nur der Chor, ebenfalls mit gotischem Beiwerk versehen, ist dennoch eine Zugabe des 18. Jhs.

Die Westfassade bildet einen Inbegriff formaler Ausgewogenheit und klarer Strukturierung. Sie wird von den beiden Türmen begrenzt, die oben in Achtecke übergehen. Dazwischen erheben sich eine dreiteilige Portalzone, ein Mittelgeschoß mit Fenstern, ein großer Dreiecksgiebel und, zurückversetzt, der Vorhallenturm. Mittels Lisenen, Rundbogenfriesen und Blendarkaden ist die Fläche in klare Wandfelder unterteilt. In keinem organischen Verhältnis zum Bau stehen lediglich die in die Wand eingelassenen Reliefplatten mit figürlichen Darstellungen, deren Bedeutung bis heute nicht eindeutig geklärt ist.

Der Innenraum entstand unter dem Einfluß des Straßburger Münsters. Er zeigt anschaulich verschiedene Stilstufen der Gotik. Auf der Silbermann-Orgel spielte gelegentlich Albert Schweitzer (s. S. 66).

„Reichsuniversität Straßburg" im KZ Struthof unter anderem mit Giftgas und Typhusviren grausame Menschenversuche durch. Noch kurz vor der Befreiung des Lagers wurden die Häftlinge nach Dachau verlegt. Baracken, Wachtürme, Stacheldraht und die Gaskammer sind noch zu sehen. Ein kleines Museum informiert über die Zeit des Nationalsozialismus im Elsaß (🕓 April bis Aug. tgl. 8–12 und 14–18, sonst 9–12 und 14–17 Uhr; Weihnachten bis Ende Febr. geschlossen).

Seitenschiff der ehemaligen Benediktinerabtei in Marmoutier

Der dicht bewaldete * **Col du Donon** markiert mit 1009 m den Südrand der Sandsteinvogesen. Hier entspringen unter anderem die beiden Quellflüsse der Saar, die Rote und die Weiße Saar. Schon die Kelten hatten auf dem Gipfel ein Heiligtum, Römer und Franken folgten dieser Tradition. Nach einer rund 45minütigen Wanderung steht man schließlich vor einem Merkurtempel oberhalb einer Fernsehrelaistation. Bei dem Tempel handelt es sich um eine Nachbildung.

Für den bequemen Fußweg benötigt man gut 25 Minuten vom Parkplatz aus. Der Wanderer wird dafür jedoch bei entsprechend klarem Wetter mit einem * *Weitblick* bis hinüber zum Schwarzwald belohnt.

Saint-Jean-Saverne, 4 km nördlich von Saverne, besitzt eine romanische Pfeilerbasilika mit bemerkenswerter Bauplastik. Die dreischiffige Klosterkirche der ehemaligen Benediktinerabtei hat zwar drei Apsiden aber kein Querhaus.

Taverne „Katz" in der Altstadt von Saverne

Neuwiller-lès-Saverne, 12 km nördlich von Saverne gelegen. Das von Metz aus gegründete Benediktinerkloster * *St-Pierre-et-St-Paul* bestand von 727 bis zur Französischen Revolution. Die dreischiffige Basilika mit Querhaus und flach endenden Apsiden stammt aus der Romanik, ihre Westfassade wurde erst im 18. Jh. hinzugefügt.

2

Seite 61

Route 3

3

Seite 61

Auf die Gipfel!

Auf der ** Route des Crêtes ins südliche Elsaß (154 km)

Die Vogesenhochstraße bietet zweifellos die großartigsten Landschaftseindrücke. Genießer fahren die ** Route des Crêtes nicht einfach ab, sondern packen die Wanderstiefel aus und schultern den Rucksack für ein- oder mehrtägige Wanderungen. Natürlich ist man nicht allein unterwegs, denn die gut markierten Wege und herrlichen Ausblicke wissen auch andere zu schätzen.

Wer den ganzen Hauptkamm der Vogesen ab dem *Col du Bonnehomme* mit Zwischenstopps auf dem **Col de la Schlucht* und dem *Grand Ballon* bis nach Cernay fährt, könnte von der irrigen Annahme ausgehen, für die Streckenführung seien vor allem die Aussichtspunkte ausschlaggebend gewesen. Doch weit gefehlt! Ihre Anlage hatte einzig und allein eine militärische Funktion.

Über die zumeist etwas unterhalb des Kamms an der Westflanke des Höhenzugs verlaufende Straße rollte im Ersten Weltkrieg der Nachschub für die französischen Truppen. Dennoch sind die Ausblicke auf die abgerundeten Kuppen der Gipfel, die Wälder mit ihren charakteristischen von Flechten bewachsenen Bäumen oder die Hochweiden grandios.

Der 949 m hohe **Col du Bonhomme** ist eine wichtige Kreuzung der Nord-Süd- und der Ost-West-Verbindung durch und über die Vogesen. Wenige Kilometer nach dem Paß führt ein Abzweig zum *Lac Blanc* und zum *Lac Noir*, zwei Seen, die Georg Büchner 1833 in einem Brief als „zwei finstere Lachen in tiefer Schlucht unter etwa 500 Fuß hohen Felswänden“ beschrieb.

Die Strecke verläuft weiter hinauf zum höchsten Paß im Elsaß, dem ***Col de la Schlucht.** Wie der Name schon andeutet, liegt er über einer tiefen, engen Schlucht. Von hier aus bieten sich lohnende Wanderungen oder ein Abstecher in das Städtchen **Gérardmer** an. Locken hier im Frühjahr Tausende von wilden Narzissen, ist es im Hochsommer der gleichnamige kühle See.

Place des Déportés, F-88400 Gérardmer, 29 63 08 74, 29 63 08 25.

Parc, 12, av. Ville-de-Vichy, 29 63 32 43, 29 63 17 03. Am Park gelegener, gemütlicher Landgasthof. $
Chalet du Lac, 97, chemin de la Droite du Lac, 29 63 38 76, 29 60 91 63. Ein Haus zum Wohlfühlen direkt am See mit Garten und Terrasse. $

Vorbei an der Quelle der Meurthe geht es hinauf zum dritthöchsten Vogesengipfel, dem ***Hohneck.** Auch in seiner unmittelbaren Nachbarschaft liegen reizvolle Seen, die an Hochsommertagen zu einem erfrischenden Bad verleiten. Der 1200 m hohe **Markstein** ist mit Abstand eines der beliebtesten Winter-

Ballon d'Alsace

Dieses Massiv bildet das südliche Ende der Vogesen, die sich zur Burgundischen Pforte öffnen. Auch wenn der Ballon d'Alsace mit seinen 1250 m um genau 174 m niedriger als der Grand Ballon ist, ist er einer der markantesten Gipfel der Südvogesen. Es versteht sich fast von selbst, daß Wanderer hier ideale Voraussetzungen finden. Bei klarem Wetter reicht der Gipfelblick (kurzer Fußweg) bis zum Donon, wo der Hauptkamm der Vogesen beginnt, der hier endet.

sportzentren der Gegend. Vom ***Grand Ballon** bietet sich aus 1424 m Höhe ein phantastisches Panorama. Der südlichere ***Vieil Armand,** der *Hartmannswillerkopf* (956 m), war während des Ersten Weltkriegs Schauplatz fürchterlicher Kämpfe zwischen Deutschen und Franzosen. Reste der Gräben und Unterstände sind noch zu sehen, das Denkmal mahnt zum Frieden.

Blick von der Höhe des Petit Ballon

3

Seite 61

****Mulhouse** (11 5000 Einw.) paßt überhaupt nicht ins Klischee der romantischen Urlaubslandschaft, repräsentiert es doch das industrielle Elsaß. Wer sich allerdings hierfür interessiert, braucht in Mulhouse nicht lange zu suchen: Industriearchitektur, Arbeitersiedlungen und Museen, die auf ihren Gebieten Einmaliges bieten, lassen keine Langeweile aufkommen.

Die Fassade des historischen Rathauses von Mulhouse

Die zweitgrößte Stadt des Elsaß liegt an der Ill und dem Rhein-Rhône-Kanal. Bekannt wurde Mulhouse ab dem 18. Jh. durch seine Textilindustrie. Noch heute ist dieser Erwerbszweig mit seinen Zulieferbetrieben die wirtschaftliche Grundlage der Region. Hinzu kommen noch der Kaliabbau, dessen Ende allerdings abzusehen ist, die Automobil- und die Elektroindustrie.

Zur Zeit ist die Wirtschaftslage in Mulhouse allerdings alles andere als rosig, denn in den Traditionsindustrien kriselt es, und die Arbeitslosigkeit liegt weit über dem französischen Durchschnitt. So bietet die Stadt mit ihren teilweise trostlosen Vierteln den Nährboden für die rechte Front National Le Pens. Sie findet im gesamten Elsaß überdurchschnittlich hohen Zuspruch und ist besonders stark in Mulhouse vertreten.

Nebel über den Vogesen in der Nähe von Schirmeck

Die *Place de la Réunion* mit dem imposanten Rathaus bildet das Zentrum der Stadt. Seine Hauptfassade mit der doppelläufigen Treppe ist ganz bemalt: Die mehrfach restaurierten Fresken aus der

3

Seite 61

Technische Museen in Mulhouse

** Musée national de l'Automobile

Dieses Museum hat eine äußerst ungewöhnliche, skandalumwitterte Entstehungsgeschichte. Zwei Textilfabrikanten, Fritz und Hans Schlumpf, begannen in den fünfziger Jahren klammheimlich mit dem Ankauf von Oldtimern. Bis 1965 umfaßte ihre Privatsammlung bereits knapp 500 Autos. So weit, so gut. Auf einem anderen Blatt steht allerdings die Tatsache, daß die beiden Industriellen ihrer Leidenschaft nicht nur ihr gesamtes Privatvermögen, sondern auch das Kapital der Firma opferten. Nach dem Bankrott kam es zur rechtskräftigen Verurteilung der Brüder, der sie sich durch Flucht in die nahe Schweiz entziehen konnten. Die Besetzung der Fabrikhalle mit den Nobelkarossen und langwierige Verhandlungen mit der aufgebrachten Belegschaft führten schließlich zum Verkauf der Wagen. Seit 1982 sind sie nun zur Besichtigung freigegeben. Zur Freude der Initiatoren des Museums gibt es Zeiten, an denen das Haus der Besuchermassen kaum Herr wird.

Unter den Fahrzeugen – 98 verschiedene Marken sind vertreten – befindet sich auch Ettore Bugattis berühmte Privatlimousine (s. S. 56 unter Molsheim).

192, av. de Colmar, nördlich des Zentrums. ⏲ 10–18 Uhr, Mai bis Sept. tgl., sonst tgl. außer Di.

* Musée Français du Chemin de Fer

Im Französichen Eisenbahnmuseum sind u. a. 34 Lokomotiven ausgestellt, die seit der Mitte des 19. Jhs. gebaut wurden. Außerdem stehen hier elektrische Triebwagen und Pullman-Salonwagen. Angeschlossen ist ein Feuerwehrmuseum.

2, rue de Glehn im Stadtteil Dornach.
⏲ tgl. 9–18, Okt. bis März bis 17 Uhr.

Electropolis

Dieses Museum wurde 1992 in unmittelbarer Nachbarschaft zum Eisenbahnmuseum eröffnet. In anschaulicher Weise und unter Einbeziehung selbst durchzuführender Experimente wird Elektrizität und die Geschichte ihrer Nutzung dargestellt.

55, rue du Pâturage.
⏲ tgl. außer Mo 10–18 Uhr.

* Musée de l'Impression sur Étoffes

In diesem alten Museum, es wurde bereits 1858 von der Société Industrielle gegründet, wird die Technik des Stoffdrucks dargestellt. Es wurde im Zusammenhang mit der lokalen Textilindustrie gegründet.

3, rue des Bonnes Gens.
⏲ Vorraussichtlich bis Herbst 1996 geschlossen.

Musée du Papier Peint

Hier erhalten die Besucher einen Überblick über die unterschiedlichsten Produktionsverfahren von Tapeten. Immerhin wurde schon 1790 in Mulhouse die erste Manufaktur für bedruckte Papiertapeten gegründet.

28, rue Zuber in Rixheim, 6 km östlich von Mulhouse.

⏲ tgl. außer Di 10–12 und 14–18 Uhr, Juni bis 15. Sept. Mo–Sa ab 9 Uhr.

Entstehungszeit des Baues um 1550 nehmen in Allegorien Bezug auf die Stadtgeschichte. Und darauf konnten die Bürger zu Recht stolz sein, denn seit dem frühen 14. Jh. war Mulhouse Freie Reichsstadt. Nach einer Mitgliedschaft im elsässischen Städtebund schloß man sich, protestantisch geworden, der Schweizer Eidgenossenschaft an. Erst 1798 fand die „Réunion“ mit

Frankreich statt, das Ereignis, dem der Rathausplatz seinen Namen verdankt. Daß hinter dieser Vereinigung letztendlich wirtschaftliche Interessen standen, ist ein anderes Thema.

Löwen halten das Stadtwappen von Mulhouse

ℹ 9, av. Foch, F-68100 Mulhouse, ☎ 89 45 68 31, Fax 89 45 66 16.

🏨 **Bâle,** 19, passage Central, ☎ 89 46 19 87, Fax 89 66 07 06. Ruhiges, sympathisches, zentral gelegenes Hotel. (S)

Trompe -l'œil-Malerei in der Rue Lambert in Mulhouse

Ausflüge

Ottmarsheim

Offensichtlich hatte der Baumeister der kleinen *Kirche des Benediktinerinnenklosters Mitte des 11. Jhs. das Bild der Pfalzkapelle Karls des Großen in Aachen vor Augen.

Sundgau

Schon wieder ein anderes Elsaß?! Zwischen Mulhouse und der Schweizer Grenze erstreckt sich der Sundgau, eine liebliche Landschaft mit saftigen Wiesen, vielen Obstbäumen, kleinen Wäldern und zahlreichen Seen und Flüßchen. Folglich kommt hier statt des schon üblichen Sauerkrauts des öfteren auch fangfrischer Karpfen auf den Tisch.

Im Musée national de l'Automobile in Mulhouse

Es gibt sogar eine **Route de la Carpe frite,** was übersetzt soviel wie „Straße des gebackenen Karpfens" heißt und der man getrost folgen sollte. Zu den sehenswertesten Flecken der ehemaligen Grafschaft zählt *Altkirch* mit seinem interessanten Regionalmuseum *(Musée Sundgovien)*. Das hübsch gelegene *Ferrette* besitzt zwei Burgruinen und Renaissancehäuser; *Feldbach* etwa auf halbem Wege zwischen beiden Orten kann mit einer romanischen Kirche aus dem 11. Jh. aufwarten.

Auf dem Petit Ballon in den Südvogesen

3
Seite 61

Route 4

An Mosel und Meurthe

Thionville – **Metz – **Toul – Lunéville – *Epinal (257 km)

Lothringen: eine Terra incognita? Wer den Flußläufen von Mosel und Meurthe folgt, wird nicht über hohes Verkehrsaufkommen, überfüllte Lokale oder lange Warteschlangen vor den Kassen von Museen und Sehenswürdigkeiten zu klagen haben. Die meisten Orte entlang dieser Strecke sind Provinz im positiven Sinn. Sie liegen idyllisch in den beiden Flußtälern inmitten einer abwechslungsreichen Landschaft, die zu Ausflügen verlockt.

4

Seite 87

Thionville (40 000 Einw.) an der Mosel stieg im vorigen Jahrhundert zum Zentrum der lothringischen Industrie auf und ist es bis heute trotz Stahlkrise und anderer wirtschaftlicher Probleme geblieben.

Im Mittelalter ließen die Grafen von Luxemburg die Stadt zu einer ihrer mächtigsten Festungen ausbauen. Nachdem der Anschluß an Frankreich vollzogen war, bekam 1643 einmal wieder Vauban den Auftrag, die Befestigungsanlagen zu modernisieren.

Im Zentrum nahe der Moselbrücke: Am *Cours du Château* stehen einige interessante Palais, und auch an dem nahen Stadttor *Porte de Clarisses* sollte man nicht achtlos vorrübergehen. Die *Tour aux Puces*, zu deutsch Flohturm, ist ein Rest des Schlosses der Luxemburger. Er wird seit 1904 als Stadtmuseum genutzt. Zu sehen gibt es Funde aus gallo-römischer Zeit sowie Waffen.

Zu den Sehenswürdigkeiten am nördlichen Stadtrand gehört die reizvolle Parklandschaft um das auf drei Seiten von Wassergräben geschützte *Château de la Grange*. Zu besichtigen sind eine Küche mit einem riesigen Rauchfang sowie diverse Privatgemächer, die 1731 von Robert de Cotte für seinen Auftraggeber entworfen wurden. Der Schloßherr sammelte ebenso wie seine feudalen Zeitgenossen kostbare Keramik aus Fernost.

Gorze (1500 Einw.) liegt etwas im Abseits des Moseltals. Der alte Marktflecken wurde durch seine Abtei bekannt, die der Bischof von Metz im 8. Jh. gegründet hatte.

Von sich reden machte der Bischof durch eine Reform des Benediktinerordens. Bis Ende des 11. Jhs. hatten sich ihr 160 Klöster, darunter eine Vielzahl in Deutschland, angeschlossen. Doch setzte letztendlich die Reformation den Bestrebungen ein Ende. 1572 wurde das Kloster säkularisiert, 1580 folgte seine Umwandlung in ein Kanonikerstift.

Erhalten blieb die *Kirche St-Pierre-et-St-Paul*. Die dreischiffige frühgotische Säulenbasilika hat ein ausladendes Querhaus und einen polygonalen Chorschluß mit zwei Apsiden. Am Nordportal thront eine Marienfigur zwischen zwei Engeln, das benachbarte Portal zeigt im Tympanon das Jüngste Gericht.

Zu beiden Seiten der Mosel erstreckt sich die Stadt ***Pont-à-Mousson** (15 000 Einw.). Namengebend waren die Brücke und die *Butte de Mousson*, der Hügel auf dem zuerst ein römisches Kastell und dann eine Burg der Grafen von Bar lag.

1572 wurde hier, um der Reformation entgegenzuwirken, eine Jesuitenuniversität gegründet, die bis 1768 bestand.

Das Zentrum der Stadt bildet die fast großstädtisch wirkende, an allen Seiten mit Laubengängen umgebene *Place Duroc*. Zu den eindrucksvollen Gebäuden am Platz zählt das *Haus der sieben Todsünden*. Letztere sind in einem Fries und als Karyatiden dargestellt. Es wird vermutet, daß der Christus in der nahen Kirche *St-Laurent* in der Werkstatt von Ligier Richiers gearbeitet wurde. Dargestellt wird der Erlöser unter der schweren Last des Kreuzes auf dem Weg nach Golgatha.

Einen städtebaulichen Akzent setzt die Kirche *St-Martin* an der Moselbrücke. Im 13. Jh. wurde mit ihrem Bau begonnen, die Zweiturmfassade zum Fluß wurde aber erst im 15. Jh. vollendet. Im südlichen Seitenschiff befindet sich eine Grablegung, bestehend aus 21 Figuren. Die Arbeit weist eindeutig burgundischen Einfluß auf.

52, place Duroc, F-54700 Pont-à-Mousson, ☎ 83 81 06 90.

Bagatelle, 49, rue Gambetta, ☎ 83 81 03 64, FAX 83 81 12 63. Kleines, gemütliches Hotel in einem modernisierten alten Haus. $

***Liverdun** (6000 Einw.) auf einer Anhöhe hoch über einer Moselschleife wirkt leicht verträumt, fast dörflich, ist ganz und gar Bilderbuchidylle. Die *Place d'Armes* mit ihren malerischen Arkadenhäusern sollte am Beginn des kleinen Besichtigungsprogramms stehen. Liverdun war Ausweichresidenz der Bischöfe von Toul. Auf ihre Initiative geht die Errichtung eines Prämonstratenserstiftes zurück, das bis 1703 bestand. Die Kirche *St-Euchaire* dürfte Ende des 12. Jhs. fertiggestellt gewesen sein. Der Bau zeigt, von späteren Veränderungen einmal abgesehen, deutlich den Einfluß des Zi-

Blick auf die Oberstadt von Liverdun

Die Kathedrale von St-Etienne in Toul

4

Seite 87

sterzienserordens: Es handelt sich um eine dreischiffige Hallenkirche mit ausladendem Querhaus sowie einer Haupt- und zwei Nebenapsiden über eckigem Grundriß.

ℹ Porte-Haute, F-54460 Liverdun, ☎ 83 24 40 40, Fax 83 24 61 24.

Die alte Stadt ** **Toul** (17 000 Einw.) am Rhein-Marne-Kanal und der Mosel steht heute ganz im Schatten des nahen Nancy (s. S. 45). Bereits im 4. Jh. wurde Toul Bischofssitz, seit 925 gehörte die Stadt zum Heiligen Römischen Reich Deutscher Nation. Heftige Auseinandersetzungen zwischen Bürgertum und Bischof führten in der Mitte des 13. Jhs. zur Verlegung der Bischofsresidenz nach Liverdun. Toul, das sich bereits seit dem frühen 14. Jh. nach Frankreich orientierte, wurde schließlich 1552 von Henri II besetzt und 1648 endgültig französisch.

4
Seite 87

Die Kathedrale ** *Saint-Etienne* grenzte früher direkt an die Stadtmauer. Mehreren Vorgängerbauten folgte ab 1221 eine gotische Kathedrale, deren Errichtung über drei Jahrhunderte in Anspruch nahm. Bis man sich an die beiden Westtürme machte, schrieb man bereits das Jahr 1507. Dennoch wurde der Gesamtplan einigermaßen eingehalten, auch wenn sich am Dekor deutlich die Entwicklung von der frühen bis zur allerspätesten Gotik ablesen läßt. Ein Meisterwerk ist die Westfassade, die dem klassischen Prinzip der Zweiturmfassade folgt, aber völlig im Stil des Flamboyant ausgeführt ist.

Der Innenraum wirkt eher schlicht. Die verschiedenen Bauzeiten sind an den Kapitellen und den Maßwerkformen abzulesen. Der Wandaufriß ist zweigeschossig, vor den Fenstern verläuft ein offener Gang. An die Seitenschiffe sind zwischen den Strebepfeilern flache Kapellen eingefügt. Das angrenzende Querhaus hat noch originale Fenster (datiert 1503), ebenso die beiden östlichen Turmhallen, wo Scheiben des 13. Jhs. erhalten blieben.

An die Südseite der Kathedrale grenzt der *Kreuzgang*, einer der größten Frankreichs. Er stammt im wesentlichen aus dem 14. und 15. Jh. Hier setzen sich die Arkadenstellungen der Galerien als Wandgliederung an den Außenwänden fort; vom einstigen Skulpturenschmuck blieben nur die Konsolen übrig.

Ungefähr zur selben Zeit und nach dem Vorbild der Kathedrale wurde die etwas versteckt liegende und ganz von Häusern umgebene Kirche *St-Gengoult* erbaut. Sie gehörte früher einem Kanonikerstift. Die Kirche ist dreischiffig und vier Joche lang, an das Querhaus schließen sich ein Chorjoch und ein fünfseitiger Chor an, der von zwei Nebenapsiden flankiert wird. Auch hier baute man wie allgemein üblich von Ost nach West. Als Baubeginn wird die Mitte des 13. Jhs. angegeben, zum Abschluß kamen die Arbeiten erst im 16. Jh., als man auf einen Südturm verzichtete und sich mit der Vollendung des Nordturms begnügte. Am Übergang von der Spätgotik zur Renaissance steht der * *Kreuzgang*. Zwillingsarkaden mit filigranem, flammenförmigem Maßwerk öffnen sich zum Innenhof und tauchen das Sterngewölbe der Galerien in weiches Licht.

Toul besitzt z. B. in der *Rue Général-Gengoult* oder *Rue Michâtel* noch ein paar hübsche Renaissancehäuser. Die unterschiedlichsten Sammlungen des Stadtmuseums werden im Krankensaal des ehemaligen Hospizes präsentiert.

ℹ Parvis de la Cathédrale, F-54200 Toul, ☎ 83 64 11 69.

L'Europe, 35, av. Victor-Hugo, ☎ 83 43 00 10. Ruhig trotz Bahnhofsnähe, ansprechende Zimmer. ($)

* **Saint-Nicolas-de-Port** (7500 Einw.) war lange eine blühende Stadt, die im 16. Jh. schon 10 000 Einwohner gezählt haben soll. Ihren Untergang besiegelten die verheerenden Verwüstungen während des Dreißigjährigen Krieges. Heute ist St-Nicolas eine der bedeu-

tendsten Wallfahrtsstätten Lothringens. Ziel der Pilger ist die weithin sichtbare Kirche * *St-Nicolas* mit einer Reliquie des lothringischen Schutzpatrons. Ein Ritter aus der Gegend soll sie direkt aus Bari, wo der Heilige bestattet worden war, mitgebracht haben. Bereits im 12. und 13. Jh. blühte die Wallfahrt, 1481 begann man mit einem gewaltigen Neubau, der in rund 70 Jahren vollendet werden konnte. Bei der Westfassade stand die Kathedrale von Toul Pate. Den drei Kirchenschiffen entsprechen drei Portale, das mittlere ist zweigeteilt und zeigt eine Statue des Heiligen.

Der spätgotische Innenraum ist von immenser Länge, wobei die deutliche Achsenverschiebung in der Längsrichtung wohl auf die Gegebenheiten des Geländes zurückzuführen ist. Der Bau ruht auf mächtigen, 28 m hohen Säulen ohne vorgelagerte Dienste. Diese beginnen erst oberhalb eines Blattkranzes. Die Scheitelhöhe der durchgehend mit Sterngewölben versehenen

Die ehemalige Abteikirche St-Maurice in Epinal

4

Seite 87

Abseits der Route

Schloß *Haroué* wurde ab 1720 von Germain Boffrand, Architekt am Hof von Herzog Léopold I von Lothringen, entworfen. Von einem Vorgängerbau übernahm er die Türme und die Wassergräben. Die hufeisenförmige Anlage ist über zwei Brücken und einen Vorhof zugänglich. Die Gitter schuf Jean Lamour, der auch in Nancy arbeitete. Innen blieben beträchtliche Teile der Ausstattung, darunter wertvolle Möbel und Gemälde, erhalten.
🕓 März bis 11. Nov. tgl. 14–18 Uhr.

Wenige Kilometer weiter westlich bildet in dieser flachen, fruchtbaren Landschaft die halbkreisförmige Hügelkette * **Colline de Sion-Vaudémont** einen auffallenden Fixpunkt. Lothringens nationalbewußter Dichter Maurice Barrès (1862–1923) meinte, diese „colline inspirée" sei einer jener Orte, „wo der Geist weht". Dankwallfahrten, die nach dem Wiederanschluß von Elsaß und Lothringen an Frankreich abgehalten wurden, unterstreichen die nationale Bedeutung des Berges. Ohne Frage bietet sich vom * *Signal de Vaudémont* aus die schönste Aussicht.

Charmes an der Mosel ist der Geburtsort von Maurice Barrès, der bis zu seinem Tode dort lebte. In dem wenig nördlich gelegenen **Chamagne** wurde im Jahre 1600 der Maler Claude Lorrain, Geburtsname Claude Gellée, geboren. Ihm ist es zu verdanken, daß sich die bis dahin anderen Themen untergeordneten Landschaftsdarstellungen zu einer eigenständigen Kunstgattung entwickelten. Sein Geburtshaus kann besichtigt werden.
🕓 Apr. bis Okt. Mi, Sa, So 14.30 bis 18.30 Uhr.

Kirche entspricht mit 32 m der Kathedrale von Straßburg. Trotz einer enormen Formenvielfalt im Detail ist der Raum von bestechender Klarheit.

Im ausgedienten Brauereigebäude informiert das *Musée de la Brasserie* über die Produktionsabläufe des Bierbrauens. Sehenswert sind Jugendstilscheiben. ⌚ Mai bis Okt. tgl. außer Mo 14–18 Uhr.

ℹ 13bis, rue A.-France,
F-54210 St-Nicolas-de-Port,
☎ 83 46 81 50, 📠 83 46 84 60.

Lunéville (23 000 Einw.) ist ein hübsches Provinzstädtchen, dessen gewaltiges *Schloß* in diesem Rahmen etwas überdimensioniert wirkt. Herzog Léopold I von Lothringen war im 18. Jh. aus dem französisch besetzten Nancy mit seinem gesamten Hofstaat hierher gezogen und hatte Germain Boffrand mit dem Entwurf der Repräsentationsbauten beauftragt. Als dann Stanislas Leszczynski die Macht übernahm, wurde vor allem am Schloß einiges umgestaltet.

4
Seite 87

Auch hier residiert heute ein Museum in den Räumen. Zu sehen gibt es Arbeiten der im 18. Jh. ortsansässigen Fayence-Manufaktur. Übrigens ist die Kirche *St-Jacques* die einzige Rokokokirche Lothringens.

ℹ Château, F-54300 Lunéville,
☎ 83 74 06 55, 📠 83 73 57 95.

Ⓗ **Des Pages,** 5, quai des Petits Bosquets, ☎ 83 74 11 42, 📠 83 73 45 63. Zentral gelegenes Mittelklassehotel. Ⓢ

Baccarat lockt alle, die ein Faible für geschliffenes Kristall haben. Man kann hier direkt in den Werkstätten einkaufen. Fürstbischof Montmorency-Laval gründete 1764 die erste Glashütte, die Anfang des letzten Jahrhunderts mit der Herstellung von Kristallwaren begann.

Im *Musée du Cristal* kann man sich einen Überblick über die Arbeiten der Manufaktur und die Herstellungstechniken verschaffen. Das Museum ist im ehemaligen Haus des Fabrikanten untergebracht. ⌚ Apr. bis Okt. tgl. 9.30–12.30 und 14 bis 18.30 Uhr, sonst 10–12 und 14–18 Uhr.

ℹ Place des Arcades,
F-54120 Baccarat, ☎ 83 75 13 37.

Das Städtchen **Saint-Dié** (23 000 Einw.) an der Meurthe wurde nach den umfangreichen Zerstörungen des Zweiten Weltkrieges in nüchternem Stil wiederaufgebaut. Mit einem gewissen Stolz verweist man hier darauf, daß in einem geographischen Werk, das 1507 in St-Dié erschien, erstmals für den gerade entdeckten Kontinent der Begriff „Amerika“ verwendet wurde. Ein Exemplar dieses Buches befindet sich in der städtischen Bibliothek.

Die Kathedrale *St-Dié* verbirgt hinter einer Fassade aus dem 18. Jh. einen romanisch-gotischen Bau. Der Kreuzgang verbindet die Kathedrale mit der rein romanischen Kirche *Notre-Dame*.

Das benachbarte *Musée Municipal* besitzt unter anderem eine interessante Abteilung moderner Kunst, die aus der Sammlung des Ehepaares Goll hervorging. Die Witwe des Schriftstellers Yvan Goll vermachte die Sammlung der Geburtsstadt ihres Mannes.

ℹ 31, rue Thiers, F-88100 Saint-Dié-des-Vosges, ☎ 29 56 17 62,
📠 29 56 72 30.

Ⓗ **Moderne,** 64, rue d'Alsace,
☎ 29 56 11 71, 📠 29 56 45 06. Kleines, preisgünstiges Hotel. Ⓢ

* **Epinal** (37 000 Einw.) wurde im 10. Jh. von den Bischöfen von Metz gegründet. Von der ursprünglichen Burganlage inmitten eines weitläufigen Parks ist nur noch die weithin sichtbare Ruine vorhanden. Zu den kunsthistorisch interessanten Sehenswürdigkeiten zählt die ehemalige Abteikirche *St-Maurice*.

Zum Pflichtprogramm gehört der Besuch des *Internationalen Bilderbogenmuseums*. Immerhin gehören die „Images d'Epinal“ zu den Vorläufern der Comics. Reprints werden zum Verkauf angeboten. ⏲ tgl. 8.30–12 und 14 bis 18.30 Uhr, So nur nachmittags.

ℹ 13, rue de la Comédie, F-88008 Epinal, ☎ 29 82 53 32.

🏨 **Ariane Hotel** 12, av. de Gaulle, ☎ 29 82 10 74, FAX 29 35 35 14. Renoviertes, gemütliches altes Haus. (S)

Europäische Flaggenparade

Images d'Epinal – ein frühes Massenmedium

Seltenheitswert hatten sie früher nicht gerade, die Drucke, die im * *Musée des Vosges et de l'Imagerie* in Epinal gezeigt werden. Sollten sie auch nicht! Zwar werden die wenigen noch erhaltenen Exemplare jetzt von Sammlern geschätzt, doch wurden sie zu ihrer Entstehungszeit in hohen Auflagen gedruckt. Die Bilderbogen hatten in etwa die Funktion der heutigen Boulevardpresse. Sie informierten über politische Ereignisse, empfanden sich teilweise als moralische Instanz und befriedigten die Sensationslust der weniger gebildeten Volksschichten.

Berühmtheit erlangten die Bilderbogen der Druckerei Pellerin in Epinal: Dort hatte man u. a. dem Kaiser Napoleon eine umfangreiche Bildfolge gewidmet, die heute als Wegbereiterin des Bonapartismus interpretiert wird und damals prompt mit Zensur belegt wurde. Übrigens der einzig bekannte Fall dieser Art.

Vorläufer dieser Bilderbogen waren religiöse Einblattdrucke, die seit der Spätgotik in großer Zahl aufgelegt und verkauft wurden. Um die Wende vom 17. zum 18. Jh. war aus den Flugblättern bereits eine Art Massenmedium geworden. Als Druckstock diente ein Holzschnitt mit Text und Bildern. Frauen und Kinder kolorierten die Drucke anschließend mit Hilfe von Schablonen. Nachweislich beschäftigte Pellerin 1845 ungefähr 100 Menschen, worunter mehr als die Hälfte Kinder waren. Es ist bekannt, daß es damals den Firmen in Lothringen, vor allem in Epinal und Metz, gelungen war, praktisch alle Konkurrenzunternehmen aus dem Feld zu schlagen. Rechtzeitig waren die Druckereien zur wesentlich kostengünstigeren Lithographie übergegangen. Die alten Holzdruckstöcke wurden zwar weiterverwendet, aber nicht mehr hergestellt.

Dies ist die Erklärung dafür, daß Darstellungen nicht immer mit der historischen Überlieferung übereinstimmen. Wurde z. B. wieder einmal von einer Schlacht berichtet, nahm man einen alten Druckstock, und veränderte bzw. retuschierte die Vorlage mit dem Schnitzmesser. So konnte es passieren, daß der regierende Monarch Louis XVIII trotz aller Bemühungen noch immer auffällige Ähnlichkeiten mit Napoleon aufwies und die Fahnen der verfeindeten Heere schlicht den Zeitläuften angepaßt wurden!

Gegen Ende des Jahrhunderts druckte Pellerin Auflagen zwischen 300 und 500 000 Exemplare je Bogen. Bereits zwischen 1830 und 1840 wurde das Kind als Kunde entdeckt.

Märchenbilderbogen, Texte von Kinderliedern und wenig später auch Bastelanleitungen kamen auf den Markt. Die erste Produktwerbung findet sich übrigens auf den Bilderbogen des vorigen Jahrhunderts.

Die *Imagerie Pellerin*, die einzige noch existierende Traditionsfirma, verkauft heute Reprints.

4
Seite 87

Route 5

Im Land der Jeanne d'Arc

*** Avioth – * Verdun – Vittel (318 km)**

Diese Fahrt durch die Kleinstädte und Dörfer Lothringens führt in die Provinz. Von der belgisch-luxemburgischen Grenze verläuft die Strecke im Tal der Maas, sprich Meuse, immer nach Süden. Über Verdun, wo es entgegen der ersten Assoziation nicht nur Friedhöfe und Schlachtfelder zu sehen gibt, kommt man nach St-Mihiel, der Geburtsstadt des wohl bekanntesten lothringischen Bildhauers. Und Vaucouleurs oder Domrémy sind Dörfer, deren Namen als Heimat ihrer Nationalheiligen schon die französischen Schulkinder lernen müssen.

Seite 87

Das Motto „Kunst am Wege" soll der Auftakt sein. * **Avioth** ist ein winziger Ort mit nur wenigen Häusern und der mächtigen spätgotischen Wallfahrtskirche *Notre-Dame*. Zwischen einer aufwendigen Westfassade und einer prächtigen Ostpartie ist ein kurzes, nur dreijochiges Langhaus eingespannt. Erst in einer zweiten Bauphase entschloß man sich, ein Querhaus einzufügen und das Langhaus kürzer als geplant zu bauen. Die *Westfassade* flankieren zwei Türme mit massiven Strebepfeilern im Mittelteil befinden sich zwei Fensterrosen, die untere anstelle des zerstörten Tympanons. In den Archivolten sind Vorfahren Christi, Monatsdarstellungen, Heiligenfiguren, die Klugen und die Törichten Jungfrauen zu finden. Der Wimperg zeigt einen Schmerzensmann mit Maria und Johannes; die Thematik des Jüngsten Gerichts setzt sich über die restliche Fassade hinweg fort.

Zu den Besonderheiten dieser Kirche gehört die sog. *Recevresse*, was sich vom französischen „recevoir" ableitet. Vermutlich legten an dieser Stelle vor der Kirche die Pilger ihre Gaben nieder, vielleicht handelte es sich aber auch um eine Gerichtslaube.

In **Stenay** an der Maas sollte man in der ehemaligen Mälzerei der Zitadelle das *Musée Européen de la Bière* besichtigen (🕓 März bis Okt. tgl. 10–12 und 14–18 Uhr).

Das Dörfchen * **Mont-devant-Sassey** wird von der romanischen *Kirche Notre-Dame* überragt, die etwas außerhalb, auf halber Höhe eines Hügels steht. Dem Ort wendet sie ihren fünfseitigen, von zwei Türmen flankierten Chor zu. Außergewöhnlich ist ein komplett erhaltener Skulpturenschmuck am * *Südportal*. Im Gewände stehen Figuren der Apostel, eine Maria, Adam und Eva; der Türsturz ist der Kindheitsgeschichte Christi gewidmet. Über eine Treppe steigt man hinab in die geräumige Krypta, die von einem Säulenwald mit herrlichen Blattkapitellen getragen wird.

* **Verdun** (21 000 Einw.). Der Name dieser Stadt, die auf eine lange und bedeutende Geschichte zurückblicken kann, ist untrennbar mit den Greueln und dem Elend einer der schlimmsten Phasen des Ersten Weltkriegs verbunden. Obwohl seitdem nun fast achtzig Jahre vergangen sind, trägt die Umgebung von Verdun noch deutlich die Züge des in den Jahren 1916 und 1917 hier ausgetragenen blutigen Stellungskrieges, der 80 0000 Menschen das Leben kostete. Angesichts des heutzutage florierenden Schlachtentourismus ist es jedoch nicht leicht, einen angemessenen Zugang zu den Ereignissen und den erhaltenen Zeugnissen zu finden.

Im einige Kilometer nordöstlich von Verdun gelegenen **Douaumont** ist noch eines der stärksten Forts der Gegend zu sehen, ein weiteres steht im benachbarten *Vaux*. Im *Ossuaire von Douaumont*, einer gigantischen Totenhalle, wurden die Gebeine von ungefähr 130 000

Charleville-Mézières
LUXEMBURG
Trier
BELGIEN
Avioth
Mont-St-Martin
Luxembourg
Stenay
Montmédy
Longwy
DEUTSCHLAND
Mont-devant-Sassey
Marville
Cons-la Grandville
Longuyon
Crusnes
Moselle
Sierck-les-Bains
Saarbrücken
Thionville
Parc Walibi-Stroumpf
Briey
Verdun
Etain
Moselle
Jarny
Metz
Ars-sur-Moselle
St-Avold
Gorze
Meuse
Jouy-aux-Arches
Faulquemont
Parc
Stillegny
Lac de Madine
Pont-à-Mousson
Régional
St-Mihiel
de Lorraine
Dieulouard
Bar-le-Duc
Meurthe-et-Moselle
Château-Salins
Commercy
Liverdun
St-Dizier
Nancy
Ligny-en-Barrois
Toul
Fléville-devant-Nancy
Void
Gombervaux
St-Nicolas-de-Port
Lunéville
Vacouleurs
Meuse
Flavigny-sur-Moselle
Sarrebourg
Meurthe
Vézelise
Domrémy-la-Pucelle
Vaudémont
Sion
Haroué
Baccarat
Raon-l'Etape
Chamagne
"Colline Inspirée" 541
Neufchâteau
Charmes
Rambervillers
Châtenois
Haute-Marne
Mirecourt
St-Dié
Moselle
Bulgnéville
Contrexéville
Vittel
Epinal
Bruyères
Darney
Vosges
Bains-les-Bains
Remiremont
Plombières-les-Bains
Mulhouse
ROUTEN 4 UND 5
0
30 km
N

5
Seite 87

Parc Régional de Lorraine

Der Regionalpark erstreckt sich zwischen Verdun und Commercy östlich der Maas bis hin zur Mosel. Er umfaßt inzwischen 196 Gemeinden und eine Gesamtfläche von 2600 km², die wie z. B. die *Woëvre-Ebene* nur sehr dünn besiedelt ist. Lothringen gibt sich hier ruhig zwischen Waldgebieten und Seen. Der *Lac de Madine* bildet das Zentrum des westlichen Teils des Regionalparks und ist eines der beliebtesten Naherholungsgebiete.

nicht mehr identifizierbaren Soldaten bestattet. Das ehemalige *Fleury* gehört zu jenen Dörfern in der Umgebung von Verdun, die völlig dem Erdboden gleichgemacht wurden. Heute informiert hier das *Mémorial-Musée* über die Ereignisse.

5

Seite 87

Verdun selbst geht auf eine keltische Siedlung zurück und ist seit dem 4. Jh. Bischofssitz. 843 wurde im Vertrag von Verdun die Aufteilung des Fränkischen Reichs unter den Enkeln Karls d. Gr. geregelt. Kriegszerstörungen und der Ausbau Verduns zur Festungsstadt, einmal 1648 nach dem Anschluß an Frankreich, ein weiteres Mal nach dem Deutsch-Französischen Krieg 1870/71, haben nur wenige alte Gebäude übriggelassen.

Im Zentrum der Oberstadt steht die romanische Kathedrale *Notre-Dame*. Im 11. Jh. wurde die große Kirche mit zwei Querhäusern, zwei Krypten und zwei Chören errichtet. Bereits ein Jahrhundert später erneuerte ein Meister Guarinus die Ostpartie: Auf ihn gehen das Querhaus, der polygonale Chor und die östlichen Chorflankentürme zurück. Später wurden das Mittelschiff gotisch eingewölbt und am Guarinus-Chor gotische Fenster eingebaut. Im Lauf der Zeit kamen auf beiden Seiten des Langhauses spätgotische Kapellen hinzu. In der Barockzeit erhielt der Innenraum eine künstlerisch bedeutende neue Ausstattung, am Außenbau wurde die Silhouette durch Kappung der vier Chorflankentürme erheblich verändert.

Vom Bau des Guarinus blieb am Außenbau das sog. * *Löwenportal* erhalten, das im Tympanon Christus in der Mandorla, umgeben von den vier Evangelistensymbolen zeigt (🕓 Apr. bis Okt. tgl. außer Di 9.30–12.30 und 14–18 Uhr).

ℹ Place de la Nation, F-55100 Verdun, ☎ 29 86 14 18, FAX 29 84 22 42.

Ⓗ **Hostellerie du Coq Hardi,** Avenue de la Victoire, ☎ 29 86 36 36, FAX 29 86 09 21. Edles Traditionshotel im Zentrum mit einem exquisiten Restaurant. ($))

***Saint-Mihiel** (6000 Einw.) liegt ebenfalls im Tal der Maas und war Hauptstadt des Barrois non mouvant, jenes östlichen Teils der Region um Bar-le-Duc, der dem Heiligen Römischen Reich Deutscher Nation und nicht der französischen Krone unterstand. Die Gründung der Stadt geht auf die Benediktinerabtei St-Michel zurück, von deren Kirche nur noch der trutzige, spätromanische Westturm erhalten blieb. Im Innern sind Werke von Ligier Richier (s. S. 18, 91) zu sehen.

In **Commercy** befand sich einst die bevorzugte Residenz des Ex-Polenkönigs Stanislas Leszczynski, der das mittelalterliche *Schloß* mit gotischen Gewölben von seinem Architekten Héré modernisieren ließ. Die Gesamtanlage folgt im wesentlichen Versailles und Lunéville, doch sind die beiden Flügel hier nicht rechtwinklig an das Corps de logis angeschlossen, sondern gehen leicht nach außen, wodurch weitläufige Großzügigkeit vorgetäuscht wird.

Allemal einen Abstecher wert ist ***Bar-le-Duc** (18 000 Einw.). Die ehemalige Hauptstadt des Herzogtums Bar besteht aus einer geschäftigen Unter- und der eher ruhigen historischen Oberstadt mit interessanten Gebäuden im ehemaligen Aristrokratenviertel.

Sowohl gotische als auch Renaissanceformen lassen sich an den Häusern rund um die *Place St-Pierre* mit der gleichnamigen Kirche entdecken. Aber auch hinter der Kirche, in der *Rue des Ducs-de-Bar,* gibt es noch eine Vielzahl interessanter Häuserfronten anzuschauen.

Die Südfassade der spätgotischen Wallfahrtskirche Notre-Dame in Avioth

ℹ 5, rue Jeanne d'Arc, F-55000 Bar-le-Duc, ☎ 29 79 11 13, FAX 29 79 21 95.

Ⓗ **De la Gare,** 2, pl. de la République, ☎ 2 79 01 45, FAX 29 76 39 19. Gepflegtes Mittelklassehotel mit einem Restaurant, in dem einfache Gerichte auf der Speisekarte stehen. ($)

Ⓡ **La Meuse Gourmande,** 1, rue F. de Guise, ☎ 29 79 28 40. Gehobene Regionalküche. ($)

Die neogotische Schloßkapelle von Vaucouleurs

Vaucouleurs (2500 Einw.). Von der Burg, in welcher Jeanne d'Arc und Baudri-

5

Seite 87

Jeanne d'Arc ist überall

In ihrer Heimat Lothringen wird der heiliggesprochenen Freiheitskämpferin mit vielen Gedenktafeln oder Plätzen und Monumenten gedacht. 1412 wurde Jeanne in Domrémy als Tochter wohlhabender Bauern geboren. Im Alter von 16 Jahren hatte sie im Wald von Bois-Chenu die berühmt gewordene göttliche Vision, in der ihr der Auftrag erteilt wurde, das von den Engländern besetzte Frankreich zu retten und Charles VII zum König zu krönen. Am 13. Mai 1428 wurde sie bei Hauptmann Baudricourt in Vaucouleurs vorstellig, forderte eine Ausrüstung und Begleitschutz, was ihr dank intensivster Überzeugungsarbeit auch gelang, und machte sich auf den Weg. Ein knappes Jahr später traf sie in Chinon zum ersten Mal mit Charles zusammen, am 8. Mai 1429 gelang ihr die Befreiung des besetzten Orléans, und bald darauf konnte Charles in der Kathedrale zu Reims die Krone in Empfang nehmen. Doch bei der weiteren Rückeroberung des Landes wendete sich das Blatt: Johanna wurde von den Burgundern gefangengenommen und an die Engländer verkauft. Der französische Hof sah diesen Machenschaften tatenlos zu. Auch als sie zum Tod auf dem Scheiterhaufen verurteilt wurde, erhob sich kein Widerspruch. Erst einhundert Jahre später konnte man im Rahmen eines Revisionsprozesses den posthumen Freispruch für Jeanne erwirken.

court zusammentrafen, stehen nur noch die Grundmauern. Die Schloßkapelle, inzwischen durch einen neugotischen Bau ersetzt, besitzt eine *Krypta* aus dem 13. Jh. Erhalten blieben jedoch die Befestigungsanlagen des Ortes. Aufgrund seiner Grenzlage zwischen Lothringen, Frankreich und Burgund baute man sie zu einem starken Bollwerk aus. Vor dem Rathaus steht ein Standbild der hl. Johanna. Das benachbarte *Museum* zeigt natürlich Erinnerungsstücke an Jeanne d'Arc, aber auch an Jeanne Bécu (1743–1793), die hier geboren wurde und als Madame Dubarry und Geliebte von Louis XV in die Geschichte einging. Durch das stark erneuerte Stadttor, die *Porte de France,* verließ Johanna angeblich Vaucouleurs in Richtung Loire.

In * **Domrémy-la-Pucelle** (200 Einw.) steht noch, wenn auch in stark veränderter Form, das Geburtshaus der Jeanne d'Arc. Ein winziges Museum zeigt Dokumente aus dem Leben der Heiligen. Die Wallfahrtskirche *Basilique nationale du Bois-Chenu* wurde angeblich an der Stelle errichtet, an der sie die Stimmen vernahm.

Im 3. Jh. sollen in der Stadt **Grand** 60 000 Menschen gelebt haben. Der römische Gott Grannus wird als Namensgeber der Ortschaft genannt. Hauptsehenswürdigkeit ist das **Amphitheater*. Wie allgemein üblich nützten die Römer die Hanglage zum Bau der Zuschauerränge. Unweit der Kirche wurde 1883 ein * *Mosaik* mit etwa 14 m Seitenlänge gefunden, das wahrscheinlich aus einer Basilika stammt.

Neufchâteau (9000 Einw.) ist eine kleine Industriestadt am Zusammenfluß von Maas und Mouzon. Vom „Neuen Schloß", das der schon in römischer Zeit bestehenden Siedlung ihren Namen gab, ist längst nichts mehr vorhanden. Die Stadt wird von der Kirche *St-Nicolas* überragt.

Wie in Mont-devant-Sassey (s. S. 86) steht eine gotische Oberkirche (13. Jh.) über einer romanischen Krypta.

ℹ 28, rue St-Jean, F-88300 Neufchâteau, ☎ 29 94 14 75.

Ⓗ **St-Christophe,** 1, av. de la Grande Fontaine, ☎ 29 94 38 71, FAX 29 06 02 09. Das Haus liegt direkt am Fluß und besitzt ein gepflegtes Restaurant mit gutbürgerlicher Küche. Ⓢ

Ⓡ **L'Amie Lune,** 12, rue Neuve, ☎ 29 94 28 76. Winziges, aber sympathisches Restaurant mit empfehlenswerter Speisekarte. Ⓢ

Langsam wird die Landschaft hügeliger, man nähert sich den Vogesen. Ein

Heilbäder der Südvogesen

In den südlichen Vogesen liegen mehrere Kurorte, deren Gründung sich meistens bis in die Römerzeit zurückverfolgen läßt. So **Contrexéville,** römisch Contra Aquas Villa, das nur 5 km entfernt von **Vittel** liegt, oder auch **Bains-les-Bains** und **Plombières-les-Bains.** Vittel und Contrexéville sind weit über Frankreichs Grenzen hinaus allein aufgrund ihrer Mineralwässer zu einem Begriff geworden. Plombières war mit seinen heißen Quellen lange Zeit Kurort der französischen Prominenz. Hier weilten nicht nur der Ex-Polenkönig Stanislas Leszczynski, der sich wieder einmal als Auftraggeber für zeitgenössische Architektur ein Denkmal setzen mußte, sondern auch Voltaire, Kaiserin Joséphine und Napoléon III, der Maler Delacroix, der Dichter Lamartine sowie der Komponist Berlioz. Auch wenn der Glanz all dieser alten Kurorte etwas verblichen wirkt, hat dies keine negativen Auswirkungen auf das „Gästeaufkommen", wie das bei Statistikern heißt. Plombières liegt einfach wunderschön und ist ein beliebter Erholungsort.

5

Seite 87

Der Bildhauer Ligier Richier

Ligier Richier (1500–1567), der bedeutendste lothringische Renaissancebildhauer, stammte aus St-Mihiel, wo er ein gutgehendes Atelier unterhielt. Protestant geworden, floh er 1563 nach Genf, wo er die restlichen Jahre seines Lebens verbrachte. In vielen Kirchen Lothringens trifft man auf seine Arbeiten, wobei es sich zumeist um gefühlsbetonte Darstellungen religiöser Themen und lebendige Grabskulpturen handelt.

Auch der Altaraufsatz in der Kirche von *Hattonchâtel* wird dem Künstler zugeschrieben. Er zeigt Szenen aus der Passion Christi.

Eine „Ohnmachtsgruppe" von ihm steht in St-Michel von *St-Mihiel.* Die Plastik gehörte zu einem Kalvarienberg. Dargestellt wird Johannes in dem Moment, als er unter dem Kreuz die ohnmächtig zusammenbrechende Maria auffängt. In derselben Stadt ist ein Spätwerk Richiers zu sehen, dessen Aufstellung in der Kirche St-Etienne er selbst nicht mehr erlebte. Beim * *Saint-Sépulcre* handelt es sich um die Grablegung. Dargestellt sind dreizehn überlebensgroßen Figuren, die auf komplizierte, theatralische Weise zusammengefügt und durch vielfältige Beziehungen und Blicke miteinander verbunden sind.

Die berühmteste Arbeit Richiers, das sog. Squelette, ist das Grabmal des Prinzen von Orange, René de Châlon, in der Kirche St-Etienne in *Bar-le-Duc.* Der Körper des Prinzen ist im letzten Stadium der Verwesung dargestellt. Der linke Arm ist hoch erhoben und hält das Herz in der Hand, zu dem die Gestalt aufblickt. Zwischen 1545 und 1548 hat Richier an dem Monument gearbeitet, das während der Revolution auseinandergerissen wurde.

Vom zerstörten Lettner der Kirche stammen der gekreuzigte Christus und die beiden Schächer, ebenfalls Werke Richiers.

5

Seite 87

kurzer Umweg, bevor sich die Hauptstrecke nach Westen Richtung Gebirge wendet, führt nach * **Pompierre,** einem langgestreckten Straßendorf, dessen Kirche einen Besuch lohnt. Zwar wurde der alte Sakralbau im vorigen Jahrhundert durch einen Neubau ersetzt, doch blieb das romanische Portal erhalten.

Säulen, deren Schäfte selbst reich ornamentiert sind, ruhen auf Löwenfiguren und Fabelwesen. Der Türsturz wird von kauernden Atlanten getragen. Sturz und Bogenfeld sind in drei Streifen unterteilt: Oben erkennt man die Verkündigung an die Hirten, Herodes und die Flucht nach Ägypten; in der Mitte, unter Blendarkaden, die Anbetung der Könige; unten den Einzug Christi in Jerusalem. Auch die trennenden Bänder und die Archivolten sind – nahezu mit einem Horror vacui – überreich floral dekoriert.

Sog. Squelette in der Kirche St-Etienne in Bar-le-Duc

Praktische Hinweise von A–Z

Ärztliche Versorgung

Die Apotheken (Pharmacies) haben Notdienste, die selbstverständlich in der Lokalpresse stehen, manchmal aber auch im Touristenbüro Syndicat d'Initiative bzw. Office de Tourisme zu erfahren sind. Der Dienstplan hängt auch in den Apotheken selbst aus.

Behinderte

Hotel- und Restaurantführer erhält man über A. P. F. Délégation de Paris (s. S. 24).

Diplomatische Vertretungen

Deutschland
Generalkonsulat: 15, rue de Buthégnémont, F-54052 Nancy Cedex,
☎ 83 96 12 43, Fax 83 95 13 36.
Konsulat: 15, rue des Francs-Bourgeois, F-67081 Strasbourg Cedex,
☎ 88 32 61 86, Fax 88 75 79 82.

Österreich
Generalkonsulat: 29, avenue de la Paix, F-67000 Strasbourg,
☎ 88 35 13 94.

Schweiz
Konsulate: 19b, rue du Sauvage, F-68050 Mulhouse, ☎ 89 45 32 12,
Fax 89 56 46 25.
Strasbourg, 11, boulevard du Président-Edwards, F-67083 Cedex,
☎ 88 35 00 70, Fax 88 35 55 31.

Einreise

Für Deutsche, Österreicher und Schweizer genügt der Personalausweis. Kinder unter 16 Jahre benötigen einen Kinderausweis oder müssen im Paß der Eltern eingetragen sein.

Elektrizität

Bis auf wenige Ausnahmen beträgt die Netzspannung 220 V. In ländlichen Gegenden gibt es manchmal noch 110 V. Geräte mit Flachsteckern und einer Umstellmöglichkeit auf eine niedrige Voltzahl (bzw. ein Adapter) sind für solche Fälle sehr praktisch.

Feiertage

Neujahrstag, Ostermontag, 1. Mai, 8. Mai (deutsche Kapitulation 1945), Christi Himmelfahrt, Pfingstmontag, 14. Juli (Nationalfeiertag), 15. August, 11. November (Waffenstillstand 1918), 25. Dezember. Nur im Elsaß und im lothringischen Département Moselle gelten zwei weitere Feiertage: Karfreitag und 26. Dezember.

Fotografieren

Filmmaterial kostet in Frankreich erheblich mehr als in Deutschland. In Museen und Schlössern ist das Fotografieren oder Filmen, wenn überhaupt nur ohne Stativ und Blitz gestattet. Manchmal muß sogar für eine Erlaubnis extra bezahlt werden.

Geld

Der französische Franc (FF) ist in 100 Centimes (c) aufgeteilt. Im Umlauf sind Münzen zu 10, 5 und 1 FF sowie 50, 20, 10 und 5 c. Als Banknoten gibt es 500, 200, 100, 50 und 20 FF.

Wechselkurs: 1 DM ± 3 FF.

Zu empfehlen sind Reiseschecks in Francs. Visa und Eurocard sind die gängigsten Kreditkarten.

Außerhalb der Banköffnungszeiten kann Geld natürlich per ec-Karte an den Geldautomaten abgehoben werden. Auf Eurocheques gibt es maximal 1400 Francs, außerdem wird eine Gebühr erhoben.

Gegen Ende des Urlaubs sollte die Bargeldmenge möglichst genau kalkuliert werden, denn der Rücktausch bringt meistens etwas Verlust.

Haustiere

Hunde und Katzen müssen bei der Einreise mindestens drei Monate alt sein. Die letzte Tollwutimpfung bei ausgewachsenen Tieren muß spätestens 30 Tage vor der Einreise vorgenommen werden, darf aber nicht länger als ein Jahr zurückliegen.

Information

Touristenbüros:

Westendstraße 47,
D-60325 Frankfurt/Main,
☏ 0 69/75 60 83-0, 📠 75 21 87.
Keithstraße 2-4, D-10787 Berlin,
☏ 0 30/2 18 20 64, 📠 3 02 14 12 38.
Landstraßer Hauptstraße 2 a,
A-1033 Wien, ☏ 02 22/71 57 06 10.
Löwenstraße 59, CH-8023 Zürich,
☏ 1/2 11 30 85-86, 📠 2 12 16 44.

Jeder Ort von touristischer Bedeutung besitzt ein *Office de Tourisme* oder ein *Syndicat d'Initiative*. Anschriften unter ❶ in diesem Reiseführer.

Regionale Touristenbüros:

Office Départemental du Tourisme
du Bas-Rhin, 9, rue du Dôme,
F-67000 Strasbourg, ☏ 88 22 01 02,
📠 88 75 67 64.
Association Départementale du
Tourisme du Haut-Rhin, Immeuble
Europe, F-68006 Colmar Cedex,
☏ 89 20 10 68, 📠 89 23 33 91.
Comité Régional du Tourisme de
Lorraine, Place Gabriel-Hocquard,
B.P. 1004, F-57036 Metz,
☏ 87 30 10 18, 📠 87 33 16 02.

Krankenversicherung

Wer sich vor Krankheiten im Ausland schützen will, muß tiefer in die Tasche greifen. Obwohl zwischen der Bundesrepublik Deutschland und Frankreich ein Sozialversicherungsabkommen besteht, ist der Versicherungsschutz durch die gesetzlichen Krankenkassen nicht garantiert.

Nicht alle Ärzte akzeptieren den Auslandskrankenschein; sie rechnen statt dessen lieber privat mit dem Urlauber ab. Um eine problemlosere ärztliche Versorgung gewährleistet zu haben, ist deshalb der Abschluß einer privaten Auslandsreisekrankenversicherung sinnvoll.

Öffnungszeiten

In Frankreich gibt es kein striktes Ladenschlußgesetz. Öffnungszeiten werden häufig individuell geregelt. So haben in der Regel kleinere Geschäfte und Banken auf dem Land kürzere Geschäftszeiten als in der Stadt.

Banken
9–12 und 14–16 Uhr. Sa und manchmal auch Mo geschlossen.

Geschäfte
Normalerweise sind die Geschäfte von 9–12 und von 14–19 Uhr geöffnet.

Während der Reisesaison bleiben in den Ferienorten die Ladentüren je nach Bedarf abends oft länger geöffnet, denn bummelnde Touristen sind gute und zahlungskräftige Kunden. Dafür schließen sich die Pforten in der Nebensaison allerdings um so früher.

Viele kleinere Geschäfte gönnen sich einmal pro Woche einen Ruhetag, wie z. B. Bäckereien, die häufig am Montag geschlossen sind. Dafür gibt es am Sonntagmorgen aber auch frische Croissants und knusprige Baguettes zum Frühstück.

Viele der riesigen Hypermarchés haben durchgehend von 9 bis 21 Uhr geöffnet. Nur am Montagmorgen sind die meisten dieser Supermärkte bis 12 bzw. 13 Uhr geschlossen.

Behörden
Mo–Fr 9–12 und 14–17 Uhr.

Postämter
Die Postämter und Hilfsstellen PTT (Administration des Postes Télégraphes et Téléphones) oder P et T (Ministère des Postes et Télécommunications) sind Mo–Fr 9–19 Uhr (auf dem Lande Mo bis Fr 8–12 und 14–18.30 Uhr) sowie Sa bis 12 Uhr geöffnet.

Museen
Die meisten staatlichen Museen sind Mo oder Di geschlossen.
Die Öffnungszeiten der kleinen Museen werden sehr flexibel gehandhabt.

ⓘ Syndicat d'Initiative bzw. Office de Tourisme des jeweiligen Ortes.

Postgebühren

Briefmarken sind nicht nur im Postamt, sondern auch im Tabakgeschäft *(Tabac* oder *Bar-Tabac)* erhältlich.

Briefe (bis 20 g) und Postkarten von Frankreich nach Deutschland, Österreich und in die Schweiz: 2,80 FF.

Rauchen

In Frankreich gibt es keine Zigarettenautomaten. Seit dem 1. November 1992 ist das Rauchen in allen öffentlichen Gebäuden untersagt, ebenso in öffentlichen Verkehrsmitteln. Die Gastronomie bietet in der Regel Raucher- und Nichtraucherplätze an. Manche Bars und Cafés wurden der Einfachheit halber gleich ganz zu Raucherlokalen erklärt!

Reiseandenken

Was könnte man aus dem Elsaß besser mitbringen als Wein, Eau-de-vie und den kräftig riechenden Munster? Preiswerter und angenehmer als im Laden kauft man meistens direkt beim Winzer, der oft auch Schnaps brennt, bzw. beim Bauern.

In den Töpferdörfern östlich von Haguenau werden die traditionelle blaugraue Steingutware und die einfarbig grundierte elsässische Keramik hergestellt.

Auch in Lothringen werden hochprozentige Obstwässer gebrannt, ansonsten bieten sich die berühmten Süßigkeiten (s. S. 20) als Geschenke an, die im Prinzip überall zu kaufen sind.

Selbst bessere Supermärkte besitzen oft eine Abteilung mit regionalen Spezialitäten.

Sommerzeit

Die Sommerzeit (MEZ plus eine Stunde) gilt von Anfang April bis Ende September.

Telefon

Die *Telecarte* (zu 50 bzw. 120 Einheiten) gibt es in den Postämtern und in *Tabac*-Geschäften zu kaufen. Ein Ortsgespräch kostet 1 FF.

Vorwahl Deutschland: 19–49.
Vorwahl Österreich: 19–43.
Vorwahl Schweiz: 19–41.

Billigtarif für Ferngespräche:
Inland: wochentags 18–8 Uhr, Sa ab 14 Uhr bis Mo 8 Uhr.
Ausland: werktags ab 21.30 Uhr.

Von einem zum anderen Département wird ohne zusätzliche Vorwahl die achtstellige Teilnehmernummer gewählt.

Trinkgeld

Laut Gesetz ist der Bedienungszuschlag im Preis enthalten *(service compris)*. Kellner erwarten jedoch ein zusätzliches Trinkgeld, das einfach auf dem Tisch liegen gelassen werden kann.

Auch das Hotelpersonal und die Taxifahrer sollten dabei nicht vergessen werden.

Zoll

Innerhalb des Gemeinsamen Marktes müssen Reisende aus Ländern der EU bei Waren für den persönlichen Bedarf grundsätzlich keine Einfuhrbeschränkungen mehr berücksichtigen.

Für den privaten Verbrauch dürfen 800 Zigaretten und 10 l Spirituosen pro Person ab 15 bzw. 17 Jahren mitgenommen werden.

Schweiz
Geschenke bis zu einem Gesamtwert von 200 sfr, zusätzlich 200 Zigaretten oder 50 Zigarren oder 250 g Tabak, 1 l Spirituosen über oder 2 l unter 15° und 2 l Wein.

Register

Orts- und Sachregister

Personenregister

Langenscheidt Mini-Dolmetscher

Allgemeines

Guten Tag	Bonjour [bõ~~seh~~**ur**]
Hallo!	Salut! [ßa**lü**]
Wie geht's?	Ça va? [ßa **wa**]
Danke, gut.	Bien, merci. [bjẽ mär**ßi**]
Ich heiße ...	Je m'appelle ... [~~seh~~ö ma**päl**]
Auf Wiedersehen.	Au revoir. [o rö**woar**]
Morgen	matin [ma**tẽ**]
Nachmittag	aprés-midi [aprämi**di**]
Abend	soir [ßo**ar**]
Nacht	nuit [nüi]
morgen	demain [dö**mẽ**]
heute	aujourd'hui [o~~seh~~ur**düi**]
gestern	hier [jär]
Sprechen Sie Deutsch?	Parlez-vous allemand? [parle**wu** al**mã**]
Wie bitte?	Pardon? [par**dõ**]
Ich verstehe nicht.	Je ne comprends pas. [~~seh~~ö nö kõ**prã** pa]
Sagen Sie es bitte nochmals.	Vous pourriez répéter, s'il vous plaît? [wu pur**je** repe**te** ßil wu plä]
..., bitte	..., s'il vous plaît [ßil wu plä]
Danke	Merci [mär**ßi**]
Keine Ursache.	De rien. [dö rjẽ]
was / wer / welcher	quoi / qui / quel [koa / ki / käl]
wo / wohin	où [u]
wie / wieviel / wann / wie lange	comment / combien / quand / combien de temps? [ko**mã** / kõ**bjẽ** / kã / kõ**bjẽ** dö tã]
Warum?	Pourquoi? [purko**a**]
Wie heißt das?	Comment ça s'appelle? [ko**mã** ßa ßapäl]
Wo ist ...?	Où est ...? [u ä]
Können Sie mir helfen?	Vous pouvez m'aider? [wu pu**we** mä**de**]
ja	oui [ui]
nein	non [nõ]
Entschuldigen Sie.	Excusez-moi. [äkskü**se** moa]
Das macht nichts.	Ça ne fait rien. [ßa nö fä rjẽ]

Sightseeing

Gibt es hier eine Touristeninformation?	Est-ce qu'il y a une information touristique ici? [äskil**ja** ün ẽforma**ßjõ** turis**tik** i**ßi**]
Haben Sie einen Stadtplan / ein Hotelverzeichnis?	Vous avez un plan de la ville / une liste des hôtels? [wus‿a**we** ẽ plã dö la wil / ün list des‿o**täl**]
Wann ist das Museum / die Kirche / die Ausstellung geöffnet?	Quelles sont les heures d'ouverture du musée / de l'église / de l'exposition? [käl ßõ les‿ör duwär**tür** dü mü**se** / dö le**glis** / dö läksposi**ßjõ**]
geschlossen	fermé [fär**me**]

Shopping

Wo gibt es ...?	Où est-ce qu'il y a ...? [u äskil**ja**]
Wieviel kostet das?	Ça coûte combien? [ßa kut kõ**bjẽ**]
Das ist zu teuer.	C'est trop cher. [ßä tro schär]
Das gefällt mir (nicht).	Ça me plaît / Ça ne me plaît pas. [ßa mö plä / ßa nö mö plä pa]
Gibt es das in einer anderen Farbe / Größe?	Ça existe dans une autre couleur / taille? [ßa äk**sist** däs‿ün **o**trö ku**lör** / taj]
Ich nehme es.	Je le prends. [~~seh~~ö lö prã]
Wo gibt es hier eine Bank?	Où est-ce qu'il y a une banque ici? [u äskil**ja** ün bãk i**ßi**]
Ich suche einen Geldautomaten.	Je cherche une billetterie. [~~seh~~ö schärsch ün bijä**töri**]
Geben sie mir 100 g Käse / zwei Kilo Pfirsiche.	Donnez-moi cent grammes de fromage / deux kilos de pêches. [do**nc** moa ßã gram dö fro**maseh** /döh ki**lo** dö pä~~seh~~]
Haben Sie deutsche Zeitungen?	Vous avez des journaux allemands? [wus‿a**we** de ~~seh~~ur**no** al**mã**]
Wo kann ich telefonieren / eine Telefonkarte kaufen?	Où est-ce que je peux téléphoner / acheter une télécarte? [u äskö ~~seh~~ö pöh telefo**ne** / asch**te** ün tele**kart**]

Notfälle

Ich brauche einen Arzt / Zahnarzt.	J'ai besoin d'un médecin / dentiste. [~~sehe~~ bösoẽ dẽ medsẽ /dã**tist**]
Rufen Sie bitte einen Krankenwagen / die Polizei.	Appelez une ambulance / la police, s'il vous plaît. [apö**le** ün äbü**läß** / la po**liß** ßil wu plä]

Wir hatten einen Unfall.	On a eu un accident. [õ‿na ü ẽn‿akßi**dã**]
Wo ist das nächste Polizeirevier.	Où est le poste de police le plus proche? [u ä lö post dö po**liß** lö plü pro~~sch~~]
Ich bin bestohlen worden.	On m'a volé. [õ‿ma wo**le**]
Mein Auto ist aufgebrochen worden.	On a fracturé ma voiture. [õn‿a frak**türe** ma woa**tür**]

Essen und Trinken

Die Speisekarte, bitte.	La carte, s'il vous plaît. [la kart ßil wu plä]
Brot	pain [pẽ]
Kaffee	café [ka**fe**]
Tee	thé [te]
mit Milch / Zucker	au lait / sucre [o lä / ßükr]
Orangensaft	jus d'orange [~~sch~~ü do**rã~~sch~~**]
Suppe	soupe [ßup]
Fisch / Meeresfrüchte	poisson / fruits de mer [poa**ßõ** / früi dö mär]
Fleisch / Geflügel	viande / volaille [wjäd / wo**laj**]
Beilage	garniture [garni**tür**]
vegetarische Gerichte	cuisine végétarienne [küi**sin we~~sch~~e**tar**jän**]
Eier	oeufs [öh]
Salat	salade [ßa**lad**]
Dessert	dessert [de**ßär**]
Obst	fruits [früi]
Eis	glace [glaß]
Wein	vin [wẽ]
weiß/rot/rosé	blanc / rouge / rosé [blã / ru~~sch~~ / ro**se**]
Bier	bière [bjär]
Aperitif	apéritif [aperi**tif**]
Wasser	eau [o]
Mineralwasser	eau minérale [o mine**ral**]
mit / ohne Kohlensäure	gazeuse / non gazeuse [ga**sös** / nõ ga**sös**]
Limonade	limonade [limo**nad**]
Frühstück	petit déjeuner [pöti de~~sch~~**öne**]
Mittagessen	déjeuner [de~~sch~~**öne**]
Abendessen	dîner [di**ne**]
eine Kleinigkeit	un petit quelque chose [ẽ pö**ti käl**kä schos]
Ich möchte zahlen.	L'addition, s'il vous plaît. [ladi**ßjõ** ßil wu plä]
Es war sehr gut / nicht so gut.	C'était très bon / Ce n'était pas si bon. [ße**tä** trä bõ / ße ne**tä** pa ßi bõ]

Im Hotel

Ich suche ein gutes / nicht zu teures Hotel.	Je cherche un bon hôtel / un hôtel pas trop cher. [~~sch~~ö schärsch ẽ bõn‿o**täl** / ẽn‿o**täl** pa tro schär]
Ich habe ein Zimmer reserviert.	J'ai réservé une chambre. [~~sch~~e reser**we** ün schãbr]
Ich suche ein Zimmer für ... Personen.	Je cherche une chambre pour ... personnes. [~~sch~~ö schärsch ün schãbr pur ... pär**ßon**]
Mit Dusche und Toilette.	Avec douche et toilette. [a**wäk** dusch e toa**lät**]
Mit Balkon und Blick aufs Meer.	Avec balcon et vue sur la mer. [a**wäk** bal**kõ** e wü ßür la mär]
Wieviel kostet das Zimmer pro Nacht?	Quel est le prix de la chambre par nuit? [käl ä lö pri dö la schãbr par nüi]
Mit Frühstück?	Avec petit déjeuner? [a**wäk** pö**ti** de~~sch~~**öne**]
Kann ich das Zimmer sehen?	Est-ce que je peux voir la chambre? [äskö ~~sch~~ö pöh wo**ar** la schãbr]
Haben Sie ein anderes Zimmer?	Est-ce que vous avez une autre chambre? [**äs**kö wus‿a**we** ün otr schãbr]
Das Zimmer gefällt mir (nicht).	La chambre me plaît / ne me plaît pas. [la schãbr mö plä / nö mö plä pa]
Kann ich mit Kreditkarte zahlen?	Est-ce que je peux payer avec carte de crédit? [**äs**kö ~~sch~~ö pöh pä**je** a**wäk** kart dö kre**di**]
Wo kann ich parken?	Où est-ce que je peux laisser ma voiture. [u **äs**kö ~~sch~~ö pöh lä**ße** ma woa**tür**]
Können Sie das Gepäck in mein Zimmer bringen?	Pourriez-vous apporter mes bagages dans la chambre? [pur**je** wu apor**te** me ba**ga~~sch~~** dã la schãbr]
Haben Sie einen Platz für ein Zelt / einen Wohnwagen / ein Wohnmobil?	Vous avez de la place pour une tente / une caravane / un camping-car? [wus‿a**we** dö la plaß pur ün tãt / ün kara**wan** / ẽ kãping**kar**]
Wir brauchen Strom / Wasser.	On a besoin de courant / d'eau [õn‿a bösoẽ dö ku**rã** / do]